Mentales Training

Klaus W. Vopel

Mentales Training

Imaginative Methoden im Sport

iskopress

ISBN 978-3-89403-026-1
1. Auflage 2010

Internet: www.iskopress.de
Umschlaggestaltung:
Mathias Hütter, Schwäbisch Gmünd
Druck und Bindung:
Aalexx Buchproduktion, Großburgwedel

**Bibliografische Information
der Deutschen Nationalbibliothek**
Die Deutsche Nationalbibliothek verzeichnet diese Publikation
in der Deutschen Nationalbibliografie;
detaillierte bibliografische Daten sind im Internet
über http://dnb.d-nb.de abrufbar.

Inhalt

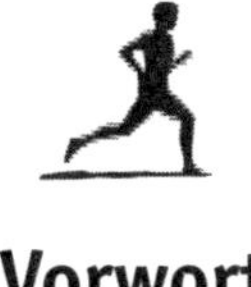

Vorwort

Die Super-Adler

Skispringer müssen hart trainieren und dürfen dabei nur wenig essen, damit sie leicht genug sind für ihre weiten Sprünge. Im Hintergrund ihrer sportlichen Karriere steht die Angst – vor Unfällen, vor Gewichtszunahme, vor den Erfolgen ihrer noch unverbrauchten, jüngeren Konkurrenten. Für die Athleten ist es schwer, ihre Ängste, die in großen Teilen nicht wahrgenommen werden, in den Ruhepausen vollständig abzubauen. Bei vielen bleibt das Empfinden von chronischem Stress, der mit den Jahren auch die Widerstandskraft robuster Charaktere untergraben kann.

Zur Zeit ist Gregor Schlierenzauer einer der besten Skispringer. Er steht am Anfang seiner Karriere und scheint noch nichts von seinen Illusionen verloren zu haben, wenn er im Interview sagt: «Ich kann mir nicht vorstellen, einen Wettkampf nicht zu gewinnen.»

Vor Jahren waren wir in Deutschland von den «Super-Adlern» Schmitt und Hannawald fasziniert. Die beiden gewannen fast jeden Wettkampf. Inzwischen mussten sich beide wegen eines Burn-out-Syndroms behandeln lassen. Hannawald glaubt, dass seine Krise vorhersehbar war. Er sagt: «Heute weiß ich, dass das System krank ist.» Die Sprünge werden immer weiter und gefährlicher und erfordern eine unvorstellbare Konzentration. Genauso prekär ist die Einhaltung des geforderten, optimalen Körpergewichts. das an der Grenze zum Untergewicht liegt. Einige von ihnen kommen mit der permanenten Diät gut zurecht, andere leiden darunter und verlieren die Fähigkeit, beim Essen und auch sonst im Leben Genuss zu empfinden.

Die Skispringer befinden sich insgesamt in einer labilen Situation. Aufgabe der Trainer und Funktionäre wäre es, darauf zu achten, dass die ihnen anvertrauten Athleten sich nicht selbst schädigen und das Verletzungsrisiko möglichst gering bleibt. Andererseits möchte jeder Verband und jedes Land so viele Medaillen wie möglich gewinnen.

Seit einigen Jahren werden auch in Deutschland die Skispringer von Psychologen und Mentaltrainern betreut. Diese sehen jedoch ihre Hauptaufgabe darin, die Athleten besser und schneller zu machen. Jan Mayer, Heidelberger Sportpsychologe und verantwortlich für die deutschen Skispringer, fasst diese Haltung mit den Worten zusammen: «Machen wir uns doch nichts vor, ein Leben als Leistungssportler ist außerhalb jeglicher Normalität.» Doch angesichts der physischen und psychischen Dauerschäden, die viele Leistungssportler davontragen, werden sich in Zukunft wohl immer mehr Menschen fragen, wer unsere Athleten vor der ungebändigten Dynamik des modernen Sports schützt.

Snowboarding und Jugendkultur

Die relativ neue alpine Disziplin des Snowboarding kann Hoffnung wecken. Sie zeigt, dass im Sport auch die Kraft zur Erneuerung steckt, zu einer Veränderung von Spielregeln und Lebensgefühl. Diese neue alpine Disziplin ist ein Produkt der Jugendkultur und der Rebellion gegen die rigiden Regeln des Sportestablishment. Die Snowboarder definieren sich über die Gruppe. Gemeinsam entwickeln sie neue Techniken und neue Sprünge. Gern versammeln sie sich in der freien Natur, wo es keinerlei technische Hilfen für ihre Abfahrten gibt. Das Konkurrenzprinzip spielt noch keine dominante Rolle. Snowboarder verraten sich gegenseitig ihre Tricks, sie freuen sich an den guten Ideen der anderen, sie beglückwünschen sich zu gelungenen Mutproben und immer wieder feiern sie zusammen. Im olympischen Dorf sind sie die Gutgelaunten, die versuchen, die Balance zu halten zwischen individueller Tüchtigkeit und Gruppenzugehörigkeit. Bei ihren Eltern, bei Kampfrichtern und Funktionären wie bei den traditionellen Skiathleten vermissen sie den Sinn für Lebensfreude und Gruppengefühl. Sie kritisieren, dass diese vor allem auf Regeln fixiert sind, auf Kontrolle, auf Standardisierung. Sie vermissen Raum für sportliche Phantasie, für Experimente, für kreative Kooperation.

Die Entwicklung des Snowboarding hat viele Fachleute überrascht. Sie ist ein Beweis für die Kräfte der Selbsterneuerung und der Selbstorganisation im großen und scheinbar erstarrten System. Allerdings ist auch diese Sphäre nicht immun gegen jene Gefährdungen, die den Sport schon immer begleitet haben. Ruhm und Kommerzialisierung haben auch in der Welt der Snowboarder zu Rissen geführt.

Aus der Gruppe ist z.B. ein besonderes Talent ausgebrochen, dem die eigenen Rekorde wichtiger sind als die Zugehörigkeit zu den sportlichen Freunden. Es handelt sich um den US-Amerikaner Shaun White. Der junge Mann ist zweifellos ein Ausnahmeathlet, der zu den Besten der Welt zählt. Ähnlich wie der Surfer Clay Marzo scheint White keine Angst zu kennen. Und ähnlich wie der aus Hawaii stammende Wasserkünstler Marzo interessiert er sich nicht besonders dafür, was seine Kollegen machen.

Shaun White wurde vor 23 Jahren in San Diego, Kalifornien, geboren. Er kam mit einem Herzfehler zur Welt und seine Mutter sorgte mit all ihrer Energie dafür, dass er durch eine komplizierte Operation gerettet wurde. Später unterstützte sie den sportlich talentierten Sohn, der schon als Kleinkind auf Surfbrett und Skateboard stand. Schon mit dreizehn Jahren wurde White Profiathlet und fing an, viel Geld zu verdienen. Für ihn bedeutet das Snowboarding Selbstentfaltung, Kreativität und ein Leben ohne Fesseln. Der Gemeinschaftskult seiner Kollegen dagegen interessiert ihn wenig.

Auf dem Snowboard stellt Shaun White die unglaublichsten Dinge an. Sein magerer Körper hat das perfekte Design für diesen Sport – einen langen Oberkörper und kurze Beine, sodass sein Schwerpunkt niedrig liegt. Und weil er so biegsam ist wie eine Katze, landet er immer wieder auf den Beinen. Oft plant er seine Manöver nicht, sondern fährt intuitiv. Seine Sprünge wirken federleicht. Er hat die Fähigkeit, seine Zuschauer zu verzaubern.

An ihm kann der Zuschauer jenen hypnotischen Zustand, jenes Gefühl von «Flow» beobachten, das der ungarische Psychologe Mihaly Csikszentmihalyi erforscht hat. Shaun White sagt dazu: «Es ist wie ein Traum. Ich bin ganz und gar da und denke doch überhaupt nicht mehr. Ich tue es nur.» Viele Beobachter bestätigen, dass dieser junge Athlet seinen Sport zu einer Kunstform entwickelt hat. Seine Sprünge sind nicht nur kompliziert und spektakulär, sondern sie strahlen eine gewisse Magie aus. Der Zuschauer wird mit dem Erlebnis beschenkt, dass jemand seinen Sport scheinbar mühelos, frei und phantasievoll praktiziert, ohne sich dabei zu quälen.

Der Athlet selbst scheint seine Aktionen in vollen Zügen zu genießen. Das geschieht im Sport außerordentlich selten. Routinierte Beobachter erkennen die Anspannung, die Anstrengung und das Gefahrenbewusstsein der Athleten. Shaun White zeigt, dass es möglich ist, eine extreme Leistung zu vollbringen und gleichzeitig ein Höchstmaß an Vergnügen, Spielfreude und Experimentierlust zu empfinden. Welcher Sportler möchte nicht Ähnliches erleben?

Die Rolle der Väter im Sport

Hier wenden wir uns einem weiteren Ausnahmeathleten zu, der in seiner Disziplin überaus erfolgreich war: André Agassi. Der heute 39-jährige Agassi gewann acht Grand-Slam-Titel, drei Mal den Daviscup und eine olympische Goldmedaille. Vor drei Jahren trat er vom Profisport zurück. Agassi ist eine überaus komplexe Persönlichkeit und er zeichnet sich durch ein hohes Maß an Selbsterkenntnis und Hilfsbereitschaft aus.

Jahrelang hat dieser Athlet die Zuschauer in seinen Bann gezogen. Sie waren beeindruckt von der Willenskraft, mit der er seine Siege erkämpfte. Von Genuss konnte dabei allerdings keine Rede sein. Für Agassi gab es nur kurze Momente des inneren Friedens in einem Match, dann war er in einem besonderen Bewusstseinszustand, einer Art Rausch, der plötzlich kam und rasch wieder verging.

Für Agassi war das ein unplanbares Ereignis, das zu selten eintrat. Viel vorhersehbarer für ihn war das immer neue Erlebnis von Angst: Angst zu versagen, Angst vor einer Blamage, Angst zu sterben. Agassi gehörte zu den Sportlern, die ihre Angst mit allen physischen Konsequenzen deutlich erlebten. Sie führte am Ende seiner Laufbahn zu schwer erträglichen Rückenschmerzen. Agassi wusste, dass es ihm nicht möglich war, den eigenen Gefühlen zu vertrauen und intuitiv zu spielen. Er verließ sich hauptsächlich auf seine Willenskraft und auf seine Fähigkeit zur Analyse.

Am Anfang von Agassis Karriere stand die Entscheidung seines Vaters, eines Einwanderers aus dem Iran, dass der Sohn den sozialen Aufstieg durch eine Karriere im Tennis zu schaffen habe. Der kleine André beugte sich dem Willen des Vaters und spielte, um diesen nicht zu enttäuschen. Er führte sozusagen ein falsches Leben und brachte es trotzdem zur Meisterschaft. Aber er litt darunter, wenn er als Kind ins Tennislager musste. Er vermisste dort seine Freunde und seine Mutter. Später litt Agassi unter dem Bewusstsein, ständig vom Publikum bewertet zu werden.

Vielleicht gibt es gerade im Tennissport viele Spieler, hinter denen ehrgeizige Eltern stehen. Auf jeden Fall meint Agassi, dass es vielen Kollegen so ging wie ihm: Sie alle fühlten sich getrieben und versuchten, die Erwartungen ihrer Eltern zu erfüllen. Sie alle waren einsam, und es war nicht das Netz, was die Spieler voneinander trennte, sondern die Mauer der Sprachlosigkeit.

Inzwischen hat Agassi seine Biografie geschrieben. Er will anderen Mut machen sich aufzulehnen. Er denkt an die vielen jungen Menschen, die eines Tages in einem Leben aufwachen, dass sie nicht gewählt haben. Denen möchte er zeigen, dass sie ihr Leben ändern können.

Für André Agassi war das Ende seiner sportlichen Karriere zum Teil eine Erlösung. Heute vermisst er den Sport nicht mehr. Seine Niederlagen waren so schmerzlich, dass sie durch die Siege nicht ausgeglichen werden konnten. Er gründete in Las Vegas eine Schule für unterprivilegierte Kinder. Hilfsbereitschaft und Fürsorge ermöglichen ihm heute ein erfülltes Leben nach dem Sport. Nach dem Ende der Wettkämpfe war auch die Angst verschwunden, und der ehemalige Athlet lernte etwas für ihn Neues: Lebenslust und die Kunst, auf die eigenen Gefühle zu hören.

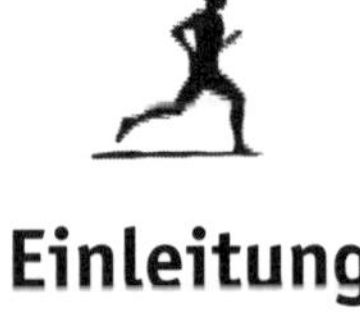

Einleitung

Bewusstseinserweiternde Methoden im Sport

Der moderne Sport stellt außerordentliche Ansprüche an die Athleten. Sie müssen u. a. Mittel und Wege finden, mit ihrer Angst umzugehen, nicht nur mit der Angst vor gefährlichen Stürzen, Verletzungen und Niederlagen, sondern auch vor dem Verlust der Publikumsgunst, der Kritik durch die Funktionäre usw. Darüber hinaus brauchen die Athleten im Wettkampf eine flexible Aufmerksamkeit, die sowohl die Details in unmittelbarer Nähe als auch die Rahmenbedingungen berücksichtigt. Diese flexible Aufmerksamkeit können sie nur erreichen, wenn sie sich nicht nur auf ihren Kopf verlassen, sie benötigen dafür alle ihre Sinne, ihre Körperempfindungen sowie die Informationen ihrer Gefühle. Dieses erweiterte Bewusstsein ist die Voraussetzung für die Fähigkeit zur Improvisation. Die Bedeutung der Improvisation wird oft unterschätzt, denn es kommt immer wieder zu Abweichungen vom Normalverlauf, bei denen keine Zeit zum Nachdenken bleibt. Nur ein souveräner Athlet kann dann mit Leichtigkeit und unverkrampft reagieren.

Die gestiegenen Anforderungen im Leistungssport haben psychologische Verfahren auf den Plan gerufen, die ein erweitertes Bewusstsein ermöglichen. Zuletzt haben hypnotische Techniken ihren Platz in der Sportlerunterstützung gefunden, während die verwandten Methoden der Imagination schon längere Zeit angewandt werden. Besonders in den Vereinigten Staaten ist das eine übliche Praxis, während in Deutschland immer noch stärkere Berührungsängste zu beobachten sind. Doch auch hier vertrauen immer mehr Sportler auf Psychologen, Therapeuten und Mentaltrainer. Sie erhoffen sich von ihnen, dass sie ihnen bessere Leistungen ermöglichen und ihnen helfen, ihre Versagensängste in Schach zu halten.

2007 fand in Heidelberg ein Kongress zum Thema «Mentale Stärken» statt. Hauptthema war die Sporthypnose und ihre Möglichkeiten für Training und Wettkampf. Von der Sporthypnose wird u. a. erwartet, dass sie den Sportler davor bewahrt, in schwierigen Situationen aufgeregt zu reagieren. Nur wer ruhig ist, kann zuvor Gelerntes in Ruhe abrufen. Darum arbeitet auch die Hypnose mit Entspannung. Ihr Ziel ist es, den Sportler in Trance, jenen erweiterten Bewusstseinszustand zu versetzen, der die Voraussetzung für souveränes sportliches Handeln ist und der von Psychologen und Mentaltrainern als «Flow» bezeichnet wird. Dabei wechselt die Aufmerksamkeit ständig zwischen Außen und Innen, zwischen Objektivierung und innerer Beteiligung und das Zeitempfinden schwindet.

Die Trance sorgt dafür, dass Ängste zwar bemerkt, aber nicht mehr als bedrohlich empfunden werden, und dass der zweifelnde Verstand sich zurückhält. Die Hypnose hat zum Teil eine ähnliche Wirkung wie das Doping. Auch mit ihrer Hilfe lassen sich Gefühle wie Müdigkeit, Schmerz oder Durst ausblenden. Das kann allerdings auch gefährlich werden, da das Bewusstsein dann u. U. nicht mehr in der Lage ist, ernsthafte Warnsignale des Körpers aufzufassen.

Zu den Veteranen der Sporthypnose gehört der schwedische Professor Lars-Eric Unestahl. Er war Mitbegründer der internationalen skandinavischen Universität Örebro. Seine Kollegen in Europa verehren ihn als Nestor ihrer Disziplin. Schon 1976 begleitete er das schwedische Olympiateam nach Montreal. Viele schwedische Sportler orientieren sich noch heute an seiner Methode. Unestahl bringt die Probleme, um die es geht, auf eine knappe Formel:

1. Der Mensch strebt nach permanenter Verbesserung – nicht nur im Sport.
2. Unsere Probleme stehen leider immer mehr im Vordergrund als unsere Ziele.
3. Unsere negativen Gedanken entfalten mehr Kraft als unsere positiven.

Daraus zieht er den Schluss: Wenn wir unser Lebensgefühl verbessern wollen, dann müssen unsere Probleme hinter unseren Zielen zurücktreten und wir müssen uns diese Ziele wesentlich konkreter vorstellen.

Unestahl verspricht, dass bereits acht Wochen mentales Training bei einer täglichen Übungszeit von fünfzehn Minuten einen Sportler in die Lage versetzen, selbstständig eine umfassende Muskelentspannung herbezuführen, in Trance zu gehen und sich erreichbare Ziele zu setzen. Inzwischen praktizieren unzählige Schweden Unestahls «Integrated Mental Training».

Helfende mentale Bilder bei Sportunfällen

Vor drei Jahren brach sich der deutsche Skispringer Michael Uhrmann durch einen Sturz den Fuß. Bei einem Trainingssprung zögerte er die Landung ein paar Meter zu weit hinaus. Im Auslauf geriet er auf Neuschnee, der seine Skier abrupt bremste. Uhrmann strauchelte und überschlug sich. Zunächst sah der Sturz nicht allzu schlimm aus. Aber als man ihm drei Tage später den Gips abnahm, stellte sich heraus, dass der gesamte Fuß in der Mitte durchgebrochen war.

Nach zwei Operationen arbeitete der Athlet leidenschaftlich an seiner Rehabilitation. Seine große Liebe zum Sport half ihm dabei. Uhrmann liebt den Flug von der Schanze. Er hat viele Krisen und mehrere spektakuläre Stürze überstanden. Während seiner Rekonvaleszenz arbeitete Uhrmann mit dem Heidelberger Sportpsychologen Jan Mayer zusammen. Dabei erwies sich seine lebhafte Imaginationskraft von Vorteil. Er war nicht nur in der Lage, sich seinen Heilungsprozess vorzustellen sondern auch die Fortsetzung seiner sportlichen Karriere nach der Heilung.

Um die komplizierten Bewegungsabläufe auf der Schanze nicht zu vergessen, hielt sich Uhrmann durch mentales Training fit. Mit geschlossenen Augen stellte er sich vor, wie er sich die Skier anschnallt, wie er auf den Balken rutscht, Brille und Helm richtet, losgleitet, beschleunigt und abspringt. Er stellte sich vor, wie er seinen Körper beim Flug hält, wie er abbremst und landet – und das alles in Echtzeit.

Uhrmann konnte sich in der Phantasie auf die verschiedensten Sprungschanzen begeben, weil er von allen schon abgesprungen war. Ebenso konnte er das Fluggefühl bei vielen Windrichtungen und -stärken nachempfinden. Die erlebten Sprünge waren nicht vergessen, sie steckten alle irgendwo in seinem Kopf und seinem Körper und ließen sich im entscheidenden Moment wieder abrufen.

Erziehung beim FC Bayern

Der ehemalige Fußballprofi Jürgen Klinsmann hat die deutsche Sportkultur bereichert und Bewegung in die verhältnismäßig konservative Fußballszene gebracht. Er hatte brillante Ideen, war dabei aber von einer gewissen Ungeduld. Sein allzu hohes Innovationstempo führte dazu, dass er sich schließlich zurückziehen musste. Er hatte den deutschen Rekordmeister FC Bayern wieder an die Spitze des europäischen Fußballs führen wollen und dafür alles eingesetzt, was er selbst in seinem Leben gelernt hatte.

Mitte der 90er Jahre hatte Klinsmann zwei Jahre für den FC Bayern gespielt, ohne allerdings in der Kultur des Vereins so recht Fuß zu fassen. Danach spielte er mehrere Jahre in Italien und England, zog 2003 nach Amerika und wurde dort Teilhaber einer Firma namens «Soccer Solutions». Als Trainer der deutschen Nationalmannschaft kehrte er 2004 in die europäische Öffentlichkeit zurück. Bei der Weltmeisterschaft 2006 erreichte er mit der deutschen Nationalmannschaft den dritten Platz und eroberte die Herzen der Fußballfreunde in der ganzen Welt.

Was tat Klinsmann als Trainer des FC Bayern? Er versuchte, seine amerikanischen Erfahrungen und Einsichten in seine Arbeit einzubringen. Er wollte die Lücke zu den großen europäischen Clubs schließen. Ihm schwebte ein ganzheitlicher Lernprozess vor, der den Verein und die Fangemeinde einschloss. Doch das ist ihm nur teilweise gelungen. Dennoch lohnt es sich, das Projekt von Jürgen Klinsmann zu studieren, weil es umfassend und zukunftsfähig ist.

Ausgangspunkt für seine weit reichenden Pläne, war für ihn die eigene Lebenserfahrung. Am Ende seiner Karriere als Fußballprofi hatte Klinsmann nur seinen Abschluss als Bäckergeselle vorzuweisen. Darum fing er in Amerika an zu lernen. Er belegte verschiedene Kurse, u. a. solche über das amerikanische Bildungssystem.

Durch die enge Verzahnung von Sport und College-Ausbildung haben die Amerikaner früh begonnen, in die Entwicklung zukünftiger Sportler großzügig zu investieren. Bereits in der Grundschule spielt der Sport hier eine wichtige Rolle und die Schul- und Universitätsmannschaften genießen ein hohes Ansehen. Die meisten amerikanischen Intellektuellen, Wissenschaftler und Künstler sind sportlich aktiv.

In Deutschland spielen die außersportliche Bildung und Ausbildung der Athleten bisher eine nur geringe Rolle. Klinsmann war überzeugt, dass hier wichtige Reserven liegen: «Alle reden davon, dass Spiele im Kopf entschieden werden, aber niemand kümmert sich um den Kopf.» Aus Amerika hatte Klinsmann außerdem die Überzeugung mitgebracht, dass man auch im Sport durch Erziehung viel erreichen kann, durch eine positive Erziehung. Klinsmann vermied es, die Auffassungen und Trainingsmethoden anderer anzugreifen. Stattdessen betonte er die Ziele, an die er selbst glaubt.

Klassische Aufgaben der Sportpsychologie

Am Wirken des Sportpsychologen Hans-Dieter Hermann lässt sich ablesen, welche Erwartungen und Möglichkeiten im Augenblick für die deutsche Sportpsychologie bestehen. Seit 1988 hat Hermann (er ist einer der dienstältesten des Landes) mehr als dreißig Nationalmannschaften betreut. Seit Dezember 2004 gehört er zum Stab der deutschen Fußballnationalmannschaft, und seit 2006 arbeitet er auch für den experimentierfreudigen Erstliga-Club TSC Hoffenheim. In Schwetzingen betreibt er gemeinsam mit seinem Kollegen Jan Mayer eine Praxis für mentales Coaching.

Hermann ist sich darüber im Klaren, dass der Einzug der Sportpsychologie in die Welt des Fußballs sehr langsam vonstatten geht. Die Vorbehalte dagegen leiten sich zum großen Teil aus der Unkenntnis sportpsychologischer Methoden ab. Im Interesse einer breiteren Akzeptanz sollte nach Hermann betont werden, dass die Sportpsychologie in erster Linie eine Variante des Trainings ist, ein Training im Kopf zur Leistungsoptimierung. Ihm ist bewusst, dass seine amerikanischen Kollegen auf sportpsychologischem Feld bereits wesentlich mehr Routine entwickelt haben. Die Sportler aus den USA reisen mit über zwanzig Psychologen zu den Olympischen Spielen. Auch in anderen europäischen Ländern hat die Sportpsychologie kräftigere Wurzeln geschlagen. Der FC Sevilla verfügt über ein Team von zwölf Psychologen, die sich um alle Spieler kümmern, von der Jugend bis zu den Profis.

Die Aufgaben der Sportpsychologen gelten vor allem den mentalen Fertigkeiten:

- Sammeln von Informationen,
- Konzentration,
- Bewertung von Situationen,
- Stressregulierung,
- Fehlertoleranz,
- Selbstbewusstsein,
- Imagination sportlicher Aktionen,
- Training im Kopf.

Besonders der letzte Punkt ergänzt das klassische Training auf wirksame Weise. Bei der Vorbereitung eines Fußballspiels ist es nützlich, wenn ich als Spieler die Spielzüge kenne. Diese kann ich in einer Art geistigem Film betrachten und mir einprägen.

In den verschiedensten Sportarten gehen die Athleten ihre wichtigen Aktionen vor dem Wettkampf in Gedanken noch einmal durch. So ist es z. B. für Skifahrer hilfreich, auf ihre Stöcke gestützt und mit geschlossenen Augen die kritischen Stellen des Parcours mental zu durchfahren. Sie trainieren auf diese Weise ihre Bewegungsabläufe, ohne sich dabei zu bewegen. Dadurch, dass sie sich eine Bewegung vorstellen, wird ein Modell davon im Gehirn angelegt. Man könnte auch sagen, dass die Bewegungen im Gehirn gespeichert werden. Im Wettkampf können diese dann schneller und sicherer ausgeführt werden.

Zu den Übungen dieses Trainingsmanuals

Viele Spitzensportler, aber auch viele Amateure, reagieren unter Stress aufgeregt. Sie leiden dann an Angst und versuchen, durch eine Verengung des Bewusstseins ihr inneres Gleichgewicht, ihre innere Ruhe wiederzufinden. Es zeigt sich jedoch, dass der Wille allein dafür nicht ausreicht. Wer gelassener reagieren möchte, der kann die Übungen und Experimente dieses Trainingsmanuals benutzen. Sie sind geeignet, die innere Unabhängigkeit der Sportler zu stärken, ihre Fähigkeit, für sich selbst zu sorgen, und sich so zu verhalten, dass auch Konflikte mit anderen so weit möglich vermieden werden, was bei vielen Sportarten von höchster Bedeutung ist.

Am Anfang dieses Trainingsmanuals stehen Methoden der Entspannung. Darüber hinaus wollen die Imaginationen dieses Bandes den Athleten helfen,

- schnelle Entscheidungen zu treffen und intuitiv zu handeln,
- auch unter Stress innerlich ruhig und klar zu bleiben,
- die eigenen Emotionen, das eigene Verhalten und die Empfindungen im Körper zu beobachten und zu reflektieren,
- negative Gefühle auszuhalten (z. B. Ärger, Neid, Trauer, Schuldgefühle, Groll, Selbstmitleid, Aggression) sowie mit widersprüchlichen Gefühle umzugehen (z. B. Zuneigung und Zorn),
- Kritik auszuhalten,
- sich selbst bzw. die Teammitglieder zu beruhigen,
- Ereignisse, Handlungen und Worte wohlwollend-objektiv zu interpretieren.

Weil Stressreaktionen so überraschend und heftig eintreten können, muss der Athlet lernen, schnell einen besonnenen Zustand wiederherzustellen. Es reicht nicht aus, dass er später die Auslöser für die eigene Aufregung versteht, er muss vielmehr in der Lage sein, seine Stressreaktion blitzschnell zu stoppen.

Die Übungen dieses Bandes verbinden kognitive, imaginative und hypnotische Methoden, die dem Gehirn helfen, auch unter Belastung wirksam zu funktionieren. Ziel ist es,

- sich durch die eigenen Ängste nicht irritieren zu lassen,
- größere persönliche Reife zu entwickeln,
- bereit zu sein, die Weisheit anderer für sich nutzbar zu machen,
- das Vertrauen und den Kontakt zu anderen zu stärken,
- sich kompetent und wertvoll zu fühlen,
- häufiger positive Gefühle zu erleben.

Sportpsychologen und Trainer können mit Hilfe dieser Methoden die sportlichen Leistungen und das Leben ihrer begabten und empfindlichen Klienten positiv beeinflussen. Die imaginativen und hypnotischen Verfahren tragen zur Entspannung bei und zum Abbau von Stressreaktionen im Körper; sie erzeugen eine innere Ruhe, die die Voraussetzung für wirksames Lernen und komplexe Leistungen ist.

Emotionale Überreaktionen werden häufig durch eine übertriebene Einschätzung alltäglicher Aktionen oder Bemerkungen anderer ausgelöst, die an «wunde Punkte» rühren – alte Probleme, Verletzungen oder Krisen. Wie zeigen sie sich?

1. Durch eine begleitende physische Übererregung – in erster Linie Verspannungen der Muskulatur, die dann zu anderen Symptomen führen können, wie z.B. Bluthochdruck, beschleunigtem oder verlangsamtem Herzschlag, Erröten, Schwitzen, Schwindelgefühl usw. Diese innere Erregung kann bei sensitiven Athleten von einem Gefühl des Kontrollverlusts begleitet sein.
2. Durch Verhaltensweisen wie Grübelei, Vermeidungsverhalten, riskante Ablenkungen, Aggression, Streitsucht, plötzliche Trauer, Rückzug, Kraftlosigkeit usw.

Außenstehende bekommen den Eindruck, dass der Betroffene alle Maßstäbe verloren hat, da sie die Ursache für die Aufregung nicht erkennen können. Dadurch entsteht für den irritierten Menschen leicht das Gefühl der Einsamkeit. Die meisten von uns erleben irgendwann in ihrem Leben eine solche emotionale Situation, doch Hochleistungsathleten scheinen davon besonders betroffen.

Nach dramatischen Verlusten oder schweren Verletzungen werden viele Menschen in ihren normalen, gewohnten Reaktionen gestört. Stress gehört zu jedem Leben, wenn die Belastung jedoch chronisch wird, kann es zu einer Schwächung der Lebenskraft kommen. Wir fühlen uns dann ausgebrannt und unfähig, für uns selbst zu sorgen. Beziehungen werden als gefährlich erlebt, weil wir uns als instabil empfinden.

Ein wichtiges Indiz für eine affektive Störung ist der Eindruck, von Gefühlen überflutet zu werden. Hier beobachten wir zwei emotionale Strategien, mit der Überflutung fertig zu werden: Die «Minimierer» verstecken sich hinter einer Mauer des Schweigens, und oftmals versuchen sie, die eigenen Gefühle vor sich selbst zu verbergen. Meist entziehen sich diese auch ihrer Kenntnis. Auf der anderen Seite stehen die «Maximierer», die ihre Gefühle gut zu kennen scheinen, sie aber maßlos übertreiben.

Beide Typen gehen ihrer Umwelt damit nach einiger Zeit auf die Nerven. Ihre extremen Verhaltensweisen erschweren normale Beziehungen, privat und beruflich.

Therapeuten verschiedener Richtungen (Herbert Benson, Jon Kabat-Zinn, Marsha Linehan u. a.) vertreten die Meinung, dass tiefe Entspannung die beste Möglichkeit bietet, um das emotionale Gleichgewicht wiederzugewinnen, um Gefühle von Angst, Stress und Depression aufzulösen. Alle östlichen Weisheitslehrer empfehlen Ruhe und Stille, um Stress abzubauen, um positive Gefühle zu erleben und um Frieden zu finden. Sie alle streben mit ihren meditativen Verfahren einen Zustand an, der zu einem erweiterten Bewusstsein führt. Ähnliche Wirkungen wollen die Hypnose und die verschiedenen imaginativen Verfahren erzielen.

Zum Hintergrund der hier verwendeten Methoden

Ein großer Teil der Übungen und Aktivitäten dieses Bandes ist nicht nur für professionelle Sportler gedacht, sondern kann auch jugendlichen und erwachsenen Amateuren, Rekonvaleszenten, Senioren und Wellnessanhängern helfen, etwas für ihre Gesundheit zu tun und für eine bessere Beziehung zwischen Körper, Geist und Seele zu sorgen. Dabei geht es um ein erweitertes Bewusstsein – im Sport wie im Alltagsleben – das es uns möglich macht, die eigenen Gefühle besser wahrzunehmen. Unser Lebensgefühl wird dadurch entspannter und spontaner, unsere Vitalität erhält neuen Schwung.

Am wirksamsten sind die meisten Aktivitäten, wenn sie im Rahmen einer Gruppe praktiziert werden. Entspannung ist ansteckend, und die meisten Menschen haben es leichter, veränderte Bewusstseinszustände zu erreichen, wenn sie ähnliche Prozesse bei anderen erleben. Aber auch in Beratung, Coaching und Therapie von Einzelpersonen können diese Techniken mit Gewinn eingesetzt werden. Insgesamt finden Sportpsychologen, Trainer, ehrenamtliche Gruppenleiter, Jugendleiter und Sozialarbeiter hier ein breites Repertoire, um das Vergnügen am Sport nachhaltig zu fördern.

Die vorgestellten Methoden entstammen den folgenden Traditionen:

- Psychosynthesis (z. B. Assagioli u. a.)
- Psychoimagination (Shorr u. a.)
- Meditation (Kabat-Zinn u. a.)
- Kabbalah (Epstein u. a.)

- Hypnose (Daitch u. a.)
- Guided Imagery (Battino u. a.)
- Sporthypnose (Liggett u. a.)
- Flow im Sport (Csikszentmihalyi)
- Positive Psychologie (Lyubomirsky).

Anregungen aus der positiven Psychologie

Damit mentales Training nachhaltig wirksam werden kann, benötigen wir eine breit angelegte, wissenschaftlich fundierte Sportpsychologie, die es zur Zeit noch nicht gibt. Es wäre wünschenswert, wenn die vor allem in den Vereinigten Staaten, in England und Australien verbreitete, neue «positive Psychologie» sich auch des Sports annehmen würde. Ein Grund dafür, dass dies noch nicht geschehen ist, dürfte sein, dass die Sportpsychologie unter großem Ergebnisdruck steht, denn oberstes Ziel im Leistungssport sind Medaillen und immer neue Rekorde. Der Kreativitätsforscher Mihaly Csikszentmihalyi hat davor gewarnt, dass durch eine Fixierung auf Siege und Rekorde die Freude am Sport verloren geht und dass die Athleten dann kaum noch «Flow» erleben, also jenen Zustand, der das Lebenselixier von Clay Marzo und Shaun White ist. Die Fixierung auf Siege schadet in vielen Fällen, weil sie die Fehleranfälligkeit erhöht und zu Burn-out und Depressionen führen kann.

Das traditionelle mentale Training im Sport folgt einem einfachen psychologischen Modell:

- Stell dir vor, dass du alles richtig machst.
- Stell dir vor, dass du am Ende des Wettkampfs auf der Siegertreppe stehst.
- Stell dir vor, dass du eine positive Kooperation mit deinen Teamkollegen erlebst, usw.

Diese optimistische Haltung kann durchaus zu positiven Ergebnissen führen. Sie wird es jedoch nur dann tun, wenn die positiven Bilder nicht auf den Kopf beschränkt bleiben. Ein verkrampfter und im Grunde ängstlicher Athlet wird trotz positiver Suggestion keine Erfolge erzielen. Die positive Kraft der Imagination wirkt nur dann, wenn der Athlet frei ist von unbewussten Ängsten, von Muskelverkrampfungen und aggressiven Gefühlen, und nur, wenn seine Aufmerksamkeit entspannt und flexibel ist. Positive Gedanken allein reichen nicht aus, im Gegenteil: eine nur willensmäßige, nicht körperlich und emotional empfundene, positive Erwartung kann sogar schaden, weil sie unweigerlich Stresshormone erzeugt. Der Körper lässt sich nicht betrügen.

Die positive Psychologie kann Sportlern helfen, einen authentischen Optimismus zu erleben. Ihr geht es nicht nur um Ergebnisoptimierung sondern um die Entwicklung der Persönlichkeit. Die positive Psychologie will unser Bewusstsein vertiefen und bereichern. Sie beschäftigt sich auch mit unserem «Schatten», d. h. mit den Prozessen, die uns zum Teil verborgen sind.

Um die Jahrtausendwende prägte der US-amerikanische Psychologe Martin Seligman den Begriff der «positiven Psychologie» und begründete diese als empirische Wissenschaft. Sein Grundgedanke: Bisher ging die Psychologie von einem Krankheitsmodell aus und sah ihr Ziel vor allem in der Linderung menschlichen Leidens und in der Reparatur von Störungen. Man wollte Depressionen und Traumafolgen heilen und Wahrnehmungsstörungen beheben. Es gab wenig praktische Forschung, die sich mit der Frage beschäftigte, was das Leben lebenswert und glücklich macht. Also forderte Seligman seine Kollegen auf, eine Antwort auf die Frage zu suchen: Was hilft dem Menschen, sein Potenzial zu entwickeln, seine Stärken und Talente zu kultivieren? Diese Idee wirkte ansteckend; eine wachsende Zahl von Universitäten, Kliniken und therapeutischen Praxen versucht inzwischen, ein Modell seelischer Gesundheit, ganzheitlicher Entwicklung und sozialer Verantwortung zu entwickeln. Dabei entstanden schnell verschiedene Leitmotive, die in die Therapie, in die Sozialwissenschaften und in die Politik ausstrahlten: Entscheidend für unser Wohlbefinden ist die Interpretation, mit der wir unser Leben, unsere Aufgaben und Ergebnisse deuten. Es geht darum, an möglichst vielen Stellen einen positiven Sinn zu entdecken. In den meisten Situationen begegnen wir einer Mischung von erfreulichen und unerfreulichen Aspekten. Wenn wir uns pessimistisch verhalten, dann konzentrieren wir uns auf die negativen Phänomene. Aber wir können auch das Negative akzeptieren, ohne uns darauf zu fixieren. Das Ziel ist dann nicht mehr die Eliminierung des Negativen, sondern die Verwandlung des Unerfreulichen in etwas Konstruktives. Wenn wir das schaffen, dann entwickeln wir jene Widerstandskraft, die uns Krisen und Katastrophen überstehen hilft.

Inzwischen hat die amerikanische Psychologin Barbara Fredrickson, Schülerin Seligmans, eine weitere Strategie entwickelt, um das Positive im Leben stärker zu betonen. Sie lehrt Methoden der positiven Wahrnehmung. Indem wir unsere volle Aufmerksamkeit auf das Erleben des Positiven richten, verstärken wir den Genuss des Erfreulichen. Dieser Prozess funktioniert, wenn wir unsere Wahrnehmung und unsere Reaktionen verlangsamen und wenn wir aufmerksamer und dankbarer werden. Dafür brauchen wir weniger unseren analytischen Verstand als vielmehr die Leichtigkeit des Empfindens und die Offenheit aller unserer Sinne. Und wir können den Genuss noch verstärken, wenn wir andere daran beteiligen.

Sportler können von einer solchen Haltung in besonderer Weise profitieren. Das klassische Training konditioniert den Sportler, seine Aufmerksamkeit eng auf das Vermeiden von Fehlern, auf die Verbesserung seines sportlichen Ergebnisses und auf den Sieg zu konzentrieren. Dem gegenüber ermutigt Barbara Fredrickson die Athleten, ihre Umgebung, die Natur, die Beweglichkeit und Eleganz des eigenen Körpers, die Kraft ihrer Intuition und Kreativität, die Hingabe an den sportlichen Prozess, aber auch das Zusammenwirken mit Helfern oder Mannschaftskollegen in jedem Detail zu genießen und dafür dankbar zu sein. Diese veränderte Haltung erlaubt es ihnen, «Flow» zu erleben.

Fredrickson denkt dabei nicht nur an Spitzensportler. Jeder kann in den Genuss kommen, «Flow» zu erleben. Die wichtigste Voraussetzung dafür ist, dass wir in der Lage sind, uns zu entspannen und ein flexibles Bewusstsein zu entwickeln. Dies lässt sich u. a. durch meditative Methoden erreichen.

Die Bedeutung intensiver, authentischer Beziehungen

Nicht nur professionelle Sportler leiden unter Stress und der Gefahr vorzeitiger Erschöpfung. Die Hektik des Alltags und die Überlastung unserer Aufmerksamkeit kann leicht dazu führen, dass unsere Erlebnismöglichkeiten und die Fähigkeit, Glück zu empfinden eingeschränkt werden. Umso wichtiger ist es, dass wir darauf achten, dass unsere sozialen Beziehungen nicht nur oberflächlicher Natur sind. Der Sport bietet viele Möglichkeiten, anspruchsvolle Beziehungen zu pflegen. Wir alle neigen dazu, die lebenserhaltende Bedeutung von sozialen Beziehungen zu unterschätzen. Intensive Gemeinschaft verlängert unser Leben und gibt uns Widerstandskraft. Sie steigert auch unsere Kreativität, unsere Willensstärke und unsere physische Leistungsfähigkeit.

Im Sport ist die Beziehung zu Konkurrenten und Rivalen von besonderer Bedeutung. Der Versuch, die Konkurrenten zu übertreffen, löst oftmals Schuldgefühle aus, die weitgehend unbewusst bleiben. Die Angst vor besonders erfolgreichen Konkurrenten kann schnell zu feindseligen oder sogar aggressiven Gefühlen führen. Das ist problematisch, weil Angst und Aggression im Körper Verspannungen auslösen, die unsere Wahrnehmungsfähigkeit einschränken. Außerdem kostet es uns zusätzliche Energie, diese Gefühle nach Möglichkeit vor unserem eigenen Bewusstsein zu verbergen. Darum ist es außerordentlich wichtig, im Sport an die englische Kultur der Fairness anzuknüpfen, in der der Gegner respektiert oder sogar hoch geschätzt wurde. Schließlich gäbe es ohne den sportlichen Gegner keinen Wettkampf.

Das Leben vereinfachen

Unser Leben wird um vieles einfacher, wenn wir es schaffen, auf chronischen Ärger zu verzichten. Dieser bindet uns und verbraucht kostbare Energie. Das wirksamste Mittel zur Auflösung von chronischem Ärger ist die Bereitschaft zu vergeben.

Einfacher wird das Leben auch dann, wenn wir darauf verzichten, uns selbst zu bestrafen. Viele von uns neigen dazu. Die neurotische Beschäftigung mit den eigenen Schwächen, der Protest gegen Vergangenes, Selbstvorwürfe, Schuldgefühle und Selbstmitleid – all das ist unproduktiv und Kräfte zehrend. Negative Gedanken und Gefühle binden Energie und verhindern Wachstum und Entwicklung. Einfacher und besser ist es, wenn wir in die Zukunft schauen und den nächsten Schritt mit anderen Entscheidungen, mit anderen Vorgehensweisen verbinden. Vergangenes kann ich nicht korrigieren, aber die Zukunft kann ich beeinflussen.

Das größte Geheimnis eines erfolgreichen Lebens ist die Liebe.

Wenn wir lieben, öffnen wir alle unsere Systeme – Körper, Geist und Seele. Alle Körperzentren arbeiten dann synchron, Kopf, Herz und Bauch. Wir fühlen uns verbunden mit uns selbst, mit anderen und mit dem Leben. Die Liebe macht alles leichter, und sie ist die beste Integrationskraft, die wir kennen. Und alles, was wir mit oder aus Liebe tun, ist viel wirksamer, als wenn wir es tun, weil wir uns dazu verpflichtet fühlen oder darin unseren Vorteil suchen. Die Haltung der Liebe gibt jeder menschlichen Tätigkeit den Glanz des Unvergänglichen. Das gilt auch für den Sport.

Klaus W. Vopel

LITERATUR

Fredrickson, Barbara L.: Positivity. Groundbreaking Research Reveals How to Embrace the Hidden Strength of Positive Emotions, Overcome Negativity, and Thrive, New York 2009

Lyubomirsky, Sonja: Glücklich sein. Warum Sie es in der Hand haben, zufrieden zu leben, Frankfurt a. M. 2008

Peterson, Christopher: A Primer in Positive Psychology, New York 2006

Huang, Chungliang Al and Lynch, Jerry: Thinking Body, Dancing Mind. Taosports for Extraordinary Performance in Athletics, Business, and Life, New York 1992

Liggett, Donald R.: Sporthypnose. Eine neue Stufe des mentalen Trainings, Heidelberg 2004

Ungerleider, Steven: Mental Training for Peak Performance. Top Athletes Reveal the Mind Exercises They Use to Excel, Emmaus 1996

Csikszentmihalyi, Mihaly und Jackson, Susan A.: Flow im Sport, München 2000

Macy, Erin and Wilding-White, Tiffany: Golfing with your Eyes Closed. Mastering Visualization Techniques for Exceptional Golf, New York 2009

Frantzis, Bruce: The Chi Revolution. Harness the Healing Power of Your Life Force, Berkeley 2008

Orloff, Judith: Positive Energie. Wie Sie Stress und Angst in Vitalität und Liebe verwandeln, München 2005

Baum, Kenneth: The Mental Edge. Maximize Your Sports Potential with the Mind-Body Connection, New York 1999

Dweck, Carol S.: Mindset. The New Psychology of Success, New York 2006

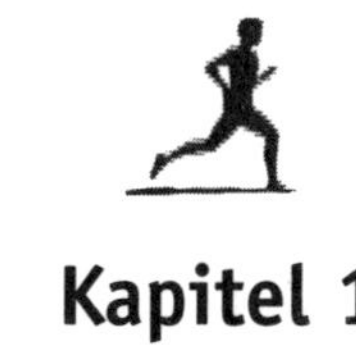

Kapitel 1
ENTSPANNUNG

Garten Eden

Diese Entspannungsübung hilft den Teilnehmern, sich auf das Training einzustellen und den Tag mit guter Laune zu beginnen.

Bitte stell dich bequem hin, die Füße in Schulterbreite auseinander und die Knie leicht gebeugt... Schließ die Augen und achte darauf, dass dein Rücken ganz gerade ist... Atme nun drei Mal langsam aus...
Stell dir vor, dass du aus dem Haus gehst, um dich in der Natur auf den Tag vorzubereiten. Wenn es eine Treppe gibt, dann geh sie Stufe für Stufe hinunter und folge eine Weile dem Weg... Verlass nun den Weg und geh hinab in ein kleines Tal... in einen Park... auf eine Wiese oder in einen großen Garten...
Mitten in diesem Naturgelände findest du die passenden Utensilien, mit denen du dich erfrischen und reinigen kannst: einen Staubwedel mit goldenen Federn, eine goldene Massagebürste und eine goldene Kleiderbürste. Such dir das Werkzeug aus, das dir am besten gefällt.
Bürste dich nun von Kopf bis Fuß ab, denk dabei auch an Arme und Beine... Nach dieser Prozedur strahlst du in gesunder Frische. Und du weißt, dass du dich nicht nur äußerlich erfrischt, sondern auch von innerer Unordnung und trüben Gedanken befreit hast.
Leg nun Bürste oder Wedel zur Seite und konzentriere dich auf die Geräusche, die von einem kleinen Bach kommen, der in der Nähe fließt. Geh an sein Ufer und knie dich dort hin. Schöpfe etwas von dem frischen, kristallklaren Wasser und benetze damit dein Gesicht... Spüre, wie du damit deinen ganzen Körper äußerlich reinigst... Dann schöpfe noch einmal von dem frischen Wasser und trinke es ganz langsam... Empfinde, dass du damit auch das Innere deines Körpers gründlich reinigst. Du spürst die neue Energie. In dir kribbelt es und du freust dich auf die Herausforderungen des Tages.
Verlass nun den Bach und geh zu einem Baum, der am Rand einer

Wiese steht. Sieh, wie die Zweige des Baumes weit herabhängen und mit ihren grünen Blättern ein dichtes Dach bilden. Lehne deinen Rücken gegen den Stamm und atme den frischen Sauerstoff ein, den die Blätter verströmen... Atme gleichzeitig das blaugoldene Licht von Sonne und Himmel ein, das durch die Zweige hindurchscheint... Sieh die verbrauchte Luft, die du ausatmest, als grauen Rauch, für den die Blätter des Baumes dankbar sind, weil sie das Kohlendioxid in Sauerstoff umwandeln möchten.

Spüre, wie der frische Sauerstoff des Baumes auch durch die Poren deiner Haut dringt, bis du dich von Kopf bis Fuß wach und munter fühlst. Du empfindest eine tiefe Zufriedenheit darüber, der Natur so nah zu sein.

Presse Hände und Füße auf den Boden und lass die Energie der Erde in dich hineinströmen. Sie gibt dir alles, was du brauchst. Dann steh auf, reck und streck dich und prüfe, wie du dich nun fühlst.

Behalte dieses spezielle Gefühl, wenn du in deine Straße und in dein Haus zurückkehrst. Atme ein Mal langsam aus... Dann öffne in deinem Rhythmus die Augen... Sei erfrischt und wach.

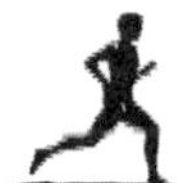

Schweigen

Viele Menschen sind sich nicht darüber im Klaren, wie wohl es ihnen tut, ab und zu zu schweigen. Im Schweigen können wir uns regenerieren, unser Körper kommt zur Ruhe und entspannt sich, unser Organismus findet zu einer neuen Balance. Dadurch sind wir in der Lage, unsere Gefühle und die Wünsche unseres Herzens zu hören.

Mach es dir auf deinem Stuhl bequem und schließ die Augen. Atme drei Mal langsam aus...
Stell dir vor, dass es ein wunderschöner Sommertag ist... Du stehst auf einer Wiese, hinter der ein Berg hoch aufsteigt. Ein schmaler Pfad führt nach oben und kurz vor dem Gipfel gibt es ein kleines Plateau, in dessen Mitte ein Tempel steht. Die Menschen im Tal nennen ihn den Tempel des Schweigens.
Mach dich auf den Weg nach oben. Bemerke, wie sich deine Gefühle verändern, je höher du kommst. Du spürst innere Weite und Respekt vor den Wundern der Bergwelt. Je höher du gelangst, desto tiefer wird das Schweigen der Berge. Oberhalb des Tempels konzentrieren sich die Ruhe und die Kraft der Lautlosigkeit.
Lass deinen Körper dieses heilsame Schweigen aufsaugen... Lass alle Anspannung, alle Unruhe hinter dir zurück, wenn du langsam zum Eingang des Tempels gehst. Und wenn du nun den Tempel betrittst, dann lass dich von diesem Schweigen durchdringen... Spüre, wie sich eine unbekannte Heiterkeit in dir ausbreitet... Geh langsam in die Mitte des Tempels und schau nach oben: Durch eine große Öffnung im Dach kannst du den Himmel sehen. Hier fällt ein breiter Sonnenstrahl herein, von dem Wellen der Energie nach allen Seiten auszugehen scheinen. Stell dich in dieses Licht der Sonne und lass dich mit neuer Energie füllen... (30 Sekunden)
Für eine kurze Weile gibt es nichts, was dich ablenken könnte. Geh mit deiner Aufmerksamkeit nach innen, in deinen Körper und ach-

te darauf, wie die Ruhe ihn verändert... Nimm dir auch die Zeit, deine Gefühle zu spüren...
Verlasse nun langsam diesen Ort und geh wieder nach draußen. Öffne dich für die Schönheit der Bergwelt. Spüre eine sanfte Brise auf deinem Gesicht und vernimm die Stimmen der Vögel.
Kehre frisch gestärkt zurück zu der Stelle, von der du aufgebrochen bist... Sei jetzt wieder auf deinem Stuhl... Und wenn du dazu bereit bist, so öffne in deinem Rhythmus die Augen, erfrischt und wach.

Die Kerze

Dies ist eine sanfte Möglichkeit der Entspannung. Wir erfrischen unseren Körper und bringen uns in eine positive Stimmung. Wir machen uns bereit, zu neuen Ufern aufzubrechen.

Mach es dir auf deinem Stuhl bequem und schließ die Augen. Atme drei Mal langsam aus...
Sieh nun bitte vor deinem geistigen Auge eine Kerze... Gib ihr eine Farbe, die du gern hast und die deinen Wunsch unterstützt, deinen Körper zu entspannen und deinen Geist zur Ruhe kommen zu lassen.
Nun konzentriere dich bitte auf die Flamme der Kerze. Sieh, wie schön sie leuchtet, vielleicht in Rot, Blau, Gelb, Lila, Weiß oder einer anderen Farbe. Und während du die Farben der Flamme betrachtest, wirst du dich mehr und mehr entspannen und ein Gefühl von Schwere und Wärme genießen.
Konzentriere dich nun bitte auf den Körper der Kerze. Beobachte die Tropfen aus geschmolzenem Wachs, die ab und zu daran hinablaufen.
Sieh, wie sich das geschmolzene Wachs im Kerzenhalter sammelt... Während du zuschaust, wirst du immer entspannter, bis du dich ganz sicher und behaglich fühlst.
Stell dir nun vor, dass du selbst die Kerze bist. Und während du dir das vorstellst, spürst du, wie ein Muskel nach dem anderen weich und locker wird.
Stell dir den Stuhl, auf dem du sitzt, als Kerzenhalter vor und lass deine Muskeln wie Wachs in den Stuhl schmelzen...
Und wenn du bereit bist, kannst du mit deiner Aufmerksamkeit hierher zurückkehren. Bring das Gefühl der Entspannung mit. Öffne in deinem eigenen Rhythmus die Augen, vollständig erfrischt und wach.

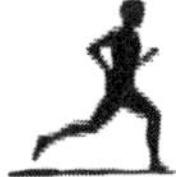

Entspannung in fünf Minuten

In nur fünf Minuten können wir uns mit ein wenig Übung wirksam entspannen. Dazu benötigen wir nur eine Hand. Wenn wir diese Methode anwenden, sind wir am Ende der fünf Minuten hellwach und konzentriert.

Du kannst die Augen offen halten und trotzdem die Kraft deiner Phantasie und deiner Erinnerung für dich arbeiten lassen.

1. Leg bitte die Spitzen von Daumen und Zeigefinger einer Hand so zusammen, dass beide Finger einen perfekten Kreis bilden. Schau nun durch diesen Ring und geh in der Erinnerung zurück zu einem Moment, wo du eine gesunde Erschöpfung gespürt hast. Vielleicht hattest du vorher trainiert, vielleicht an einem Wettkampf teilgenommen...
2. Leg nun bitte die Spitzen von Daumen und Mittelfinger zusammen und geh durch dieses Fenster der Erinnerung zurück zu einem Moment, wo du ein erfreuliches Erlebnis hattest: Vielleicht hast du einen Liebesbrief erhalten... Vielleicht hattest du ein freundschaftliches Gespräch oder ein unvergessliches sexuelles Erlebnis...
3. Nun leg die Spitzen von Daumen und Ringfinger zusammen und geh durch diese Tür der Erinnerung in eine Zeit, wo du mehr Liebe bekamst, als du für möglich hieltest. Benutze diese Gelegenheit, um tiefe Dankbarkeit zu empfinden...
4. Lege zum Schluss bitte Daumen und kleinen Finger aneinander und reise in der Erinnerung zurück an den schönsten Ort, den du jemals kennengelernt oder von dem du jemals geträumt hast...
5. Kröne nun deine Reise durch das Land der Erinnerung, indem du mit dem Zeigefinger deine Lippen berührst und sie sanft streichelst...

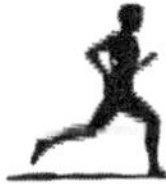

Insel der Heiterkeit

Manchmal mischt sich Anspannung mit Angst. Wir fürchten uns vor den Erwartungen anderer und wir fühlen uns unsicher, weil wir von uns selbst zu viel erwarten. In solchen Fällen kann die folgende Imagination Erleichterung schaffen.

Mach es dir auf deinem Platz bequem und schließ die Augen. Atme drei Mal langsam aus...
Stell dir vor, dass du gleich auf eine Reise gehst, deren Ziel eine wunderschöne Insel ist...
Ich werde bis zehn zählen und während ich das tue, sollst du diese Reise unternehmen. Du kannst zu diesem Zweck ein Flugzeug besteigen oder ein Ruderboot, aber du kannst auch zu der Insel schwimmen. Die Entscheidung liegt allein bei dir.
Und nun beginnt die Reise – Eins... und während ich zähle, wirst du dich immer tiefer und angenehmer entspannen.
Zwei...
Drei...
Vier...
Fünf...
Sechs... Jetzt will ich dir etwas von der Insel erzählen, die du gleich besuchen wirst. Es handelt sich nämlich um die Insel der Heiterkeit. Und sie liegt ganz tief in dir selbst.
Sieben... Tiefer und tiefer reist du nach innen... Die Insel liegt so tief in dir, dass niemand außer dir selbst dorthin gelangen kann...
Acht... Lass dein Bewusstsein tiefer und tiefer fallen... Auch dein Bewusstsein kann von niemandem in Besitz genommen werden. Es kann von niemandem erobert werden.
Neun... Nun bist du noch tiefer und noch umfassender entspannt... Und wenn du auf der Insel ankommst, dann bist du ganz sicher. Die meiste Zeit müssen wir auf der Hut sein, aber auf deiner Insel bist du so sicher, dass du allen deinen Gefühlen erlauben kannst,

sich zu zeigen. Sie dürfen erkannt und tief empfunden werden. Kein Versteckspiel ist mehr nötig...
Zehn... Jetzt bist du angekommen auf deiner Insel der Heiterkeit, und in den nächsten paar Minuten kannst du dort tun und lassen, was du willst und es so erleben, als ob du einen ganzen Tag Zeit hättest... (1-2 Minuten)
Merk dir deine Insel der Heiterkeit gut, damit du hierher zurückkehren kannst, wann immer du den Wunsch danach hast.
Wenn du bereit bist, dann komm auf deinen Stuhl hier zurück und öffne in deinem eigenen Rhythmus die Augen, erfrischt und wach.

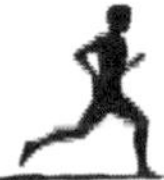

Die Mitte finden

Vor einer Aktivität, die intensive Konzentration erfordert, hilft diese Übung den Teilnehmern, sich zu entspannen und innerlich zur Ruhe zu kommen.

Wenn wir im Gleichgewicht sind, wenn wir unser inneres Zentrum spüren, dann verfügen wir über Energie, Kreativität und Optimismus. Diese Übung hilft dir, dein Zentrum zu finden.
Such dir einen Platz, wo du bequem stehen kannst. Schließ die Augen und gestatte deinem Körper, alle Muskeln locker zu lassen und sich auszuruhen. Auch deine Augen können sich jetzt entspannen.
Beuge leicht die Knie, damit sie beweglich bleiben. Lass deine Schultern locker herabhängen und mach deinen Bauch so elastisch, dass du bequem atmen kannst. Atme drei Mal langsam aus...
Lass nun deinen Körper sanft von einer Seite zur anderen schaukeln. Verlagere dabei dein Gewicht von links nach rechts und wieder zurück. Schaukle weiter, immer langsamer, bis du spürst, dass du das perfekte Gleichgewicht gefunden hast...
Und nun schaukle ganz sanft vor und zurück... ganz leicht... um die ideale Haltung zu finden, ganz gerade und gestreckt, ohne jede Anstrengung... das Gewicht gleichmäßig verteilt auf der ganzen Fußsohle... (30 Sekunden)
Stell dir nun bitte vor, dass du noch einen zweiten Körper in dir hast, den niemand sehen kann. Lass diesen zweiten Körper auch hin- und herschaukeln, nach beiden Seiten... und vor und zurück... bis auch dieser Körper die perfekte Balance gefunden hat... (30 Sekunden)
Jetzt kannst du spüren, wie du dich fühlst, wenn du die perfekte Balance gefunden hast...
Nun kommt noch etwas Wichtiges hinzu: Stell dir vor, dass du einen winzigen, sehr hellen Lichtpunkt in dir hast, der sich direkt

unter deinem Nabel befindet. Leg die Hände auf deinen Bauch unterhalb des Nabels und stell dir vor, dass das Licht dahinter strahlt, ein goldenes, warmes Licht...
Öffne nun die Augen und fang an, sehr langsam herumzugehen... Stell dir vor, dass der Lichtpunkt dich dabei führt... Geh ganz langsam, aufrecht und konzentriert, geleitet von dem warmen, hellen Lichtpunkt...
Dies ist deine Mitte, und immer wenn du dich konzentrieren möchtest, kannst du diese Methode anwenden: Schaukle dann ein wenig nach den Seiten und vor und zurück, bis du dein Gleichgewicht gefunden hast. Dann knipse das helle Licht unter deinem Nabel an und lass dich von ihm leiten, wenn du dich bewegst...
Während dieser Übung verändern sich deine Gefühle. Du wirst ruhiger und sicherer, wenn du auf deine Mitte achtest.
Und nun stopp bitte, atme ein Mal langsam aus, schau dich um und sei wieder präsent.

Progressive Entspannung

Für diese Übung ist es optimal, wenn die Teilnehmer auf dem Boden liegen. Falls dies nicht möglich ist, können Sie die Hinweise jedoch leicht an eine sitzende Position anpassen.

Mach es dir auf dem Boden bequem und schließ die Augen. Rück ein wenig hin und her, bis du die angenehmste Position gefunden hast, die Hände neben dir auf dem Boden. Du kannst gleich dafür sorgen, dass du dich noch gründlicher entspannst, dass dein Körper sich von Kopf bis Fuß erfrischt und deine Stimmung ausgeglichen und optimistisch wird.
Zwischendurch wirst du immer wieder Gelegenheit haben, deine Gefühle zu bemerken und die Empfindungen in deinem Körper. Dein Körper sendet dir fortwährend leise Signale, die dir zeigen, was du von ihm erwarten, und wie du andererseits gut für ihn sorgen kannst. All das erzählen dir deine Gefühle, und wenn du auf sie hörst, bist du der beste Freund deines Körpers.
Konzentriere dich nun besonders auf die Gefühle in deinen Füßen und Zehen. Gib all den Muskeln, Bändern und Sehnen dort die Erlaubnis, sich vollständig zu entspannen. Vielleicht möchtest du dir sogar vorstellen, wie das aussieht, wenn die Muskulatur in deinen Füßen locker und tief entspannt ist. Lass jetzt alle Spannungen in deinen Füßen los und spüre, wie sich die Entspannung weiter in dir ausbreitet... (30 Sekunden)
Stell dir nun vor, dass dieses gute Gefühl der Entspannung wie ein sanfter Strom immer weiter fließt, nach oben durch deine Knöchel und durch deine Waden. Lass alle Anspannung in deinen Wadenmuskeln los, damit sie sich ausruhen und gründlich erfrischen können... (30 Sekunden)
Lass nun die Entspannung weiter nach oben fließen in deine Knie und durch sie hindurch bis in deine Oberschenkel. Lass alle Anspannung in deinen Oberschenkeln los. Vielleicht möchtest du dir

wieder vorstellen, wie deine Beine aussehen, wenn die großen Muskeln weich und gründlich entspannt sind. Vielleicht bemerkst du schon eine angenehme Schwere in deinen Beinen, ein Gefühl des Herabsinkens, der vollständigen Erholung... Und wenn du dieses Gefühl der Schwere in deinen Beinen empfindest, dann weißt du, dass du gut für deinen Körper sorgst... (30 Sekunden)
Lass die Lockerheit noch weiter nach oben strömen, im richtigen Tempo, im richtigen Rhythmus. Lass sie sich in deinem Becken ausbreiten, in deinen Hüften und im unteren Teil deines Rückens. Spüre die sanfte Ruhe, die sich Zentimeter um Zentimeter in deinem Körper ausbreitet, von einer Muskelgruppe zur nächsten...
Immer weiter strömt das Gefühl der Entspannung: in deine Brust, in deinen Rücken, zwischen die Schulterblätter und in deine Schultern. Lass einfach zu, dass alle Spannungen sich lösen und wegfließen.
Bemerke auch, wie dein Atem das Gefühl der Erholung und der Geborgenheit verstärkt. Vielleicht empfindest du es so, dass bei jedem Ausatmen etwas Spannung aus deinem Körper hinausfließen kann, sodass du tiefer und tiefer hineinsinkst in Wärme und Geborgenheit... Und lass die Entspannung auch in deinen Nacken strömen und in deinen Hals...
Vielleicht willst du dir noch einmal vorstellen, wie das aussähe, wenn du all die kleinen Muskeln und Fasern betrachten könntest, die jetzt in Hals und Nacken weich werden, locker und entspannt.
Das wunderbare Gefühl der Lockerheit fließt durch deinen Nacken weiter nach oben in deine Kopfhaut und über deinen ganzen Schädel, sodass dein Kopf in Wellen der Entspannung badet...
Die Entspannung kann auch nach unten fließen in deine Stirn und wie eine sanfte Brandung über dein Gesicht, in deine Augen, über deine Wangen, über Mund und Kinn. Lass einfach überall locker, sodass alle Muskeln in deinem Gesicht, um deinen Mund herum und an deinen Kiefergelenken jede Anspannung loslassen, dass sie weich werden und frei von Sorgen...
Nun lass das Gefühl des Wohlbehagens über deine Schultern in deine Arme hineinfließen... Mach auch deinen Armen die Freude, dass sie sich ausruhen dürfen. Lass die Entspannung nach unten durch deine Arme fließen, durch deine Ellenbogen, durch deine Handgelenke, durch Hände und Finger, bis in die Fingerspitzen...

Lass einfach los, lass alle Anspannung wegfließen, allen Stress, alle Wachsamkeit. Schenk deinem Körper diese paradiesische Pause, in der du ganz sicher bist, in der du neue Kraft schöpfen kannst... (1 Minute)
Und wenn du dazu bereit bist, kannst du nun zu deinem Tagesbewusstsein zurückkehren... Öffne in deinem eigenen Rhythmus die Augen, atme ein Mal langsam aus und sei wieder hier, erfrischt und wach.

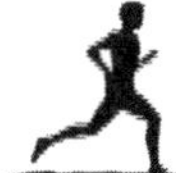

Privates Refugium

Auch hier arbeiten wir mit der Methode der progressiven Entspannung. Die Übung ist in der Lage, die Stimmung aufzuhellen und Gefühle von Unsicherheit und Angst aufzulösen. Die Teilnehmer sitzen dabei auf Stühlen.

Entspannung ist ein geistiger Vorgang. Darum schließ jetzt die Augen, damit sich die Vorstellungskraft deines Geistes frei entfalten kann. Es hilft auch, wenn du dabei deinen Körper ein wenig bewegst. Bewege einfach beide Schultern hin und her, damit sie sich entspannen. Lass das angenehme Gefühl weiterfließen von deiner rechten Hand zum rechten Arm bis zur rechten Schulter, und von dort weiter zur linken Schulter, zum linken Arm bis zur linken Hand. Dieses wunderschöne Gefühl der Entspannung kann sich noch weiter ausdehnen – von deinen Schultern in deine Brust, in deinen Bauch, in dein Becken und in die Oberschenkel, durch deine Knie hindurch, in Unterschenkel und Füße...
Zum Schluss wollen wir an das oberste Stockwerk deines Körpers denken: Lass das Gefühl der Entspannung von deinen Schultern aufsteigen in deinen Nacken und von dort in deinen Kopf, bis auch der gesamte Kopf dieses wunderbare Gefühl der Entspannung genießen kann. Atme ein Mal tief aus und spüre, wie weit du schon jetzt angenehm entspannt bist...
Verwöhne Körper und Geist noch ein wenig: Stell dir vor, dass du im fünften Stockwerk eines ganz besonderen Gebäudes stehst. Dieses Gebäude hat eine bemerkenswerte Eigenschaft. Jedes Mal, wenn du eine Etage nach unten gehst, verdoppelst du deine Entspannung. Du hast drei verschiedene Möglichkeiten, von einem Stockwerk zum anderen zu gelangen. Es gibt einen bequemen Fahrstuhl, in dem sogar ein gemütlicher Sessel steht. Es gibt einen Paternoster und es gibt eine breite Treppe, deren Stufen mit einem dicken Teppich belegt sind, erhellt von Kronleuchtern und mit

kostbaren Bildern an den Wänden. Du kannst dich entscheiden, welchen Weg du einschlagen willst, um zum vierten Stockwerk zu gelangen. Während du dich hinabbewegst, spürst du ein wachsendes Gefühl von Genuss und Entspannung...
Als du den vierten Stock erreicht hast, setzt du deinen Weg nach unten fort; erreichst den dritten Stock, spürst die vertiefte Entspannung, erreichst den zweiten Stock, fühlst dich noch tiefer entspannt; du passierst den ersten Stock und stoppst im Erdgeschoss...
Nun bist du nicht nur entspannt, sondern du entdeckst eine große Gelassenheit und Heiterkeit in dir. Du verlässt das Gebäude und bist im Handumdrehen an einem Ort deiner Sehnsucht, wo du immer schon sein wolltest. Hier findest du alles, was dein Herz begehrt. Du findest Menschen, deren Gegenwart dich inspiriert. Doch wenn du willst, kannst du an diesem idealen Ort auch ganz allein sein...
Genieße diesen besonderen Ort, an dem du ganz sicher bist und wo du bemerkst, was du in deinem Innersten fühlst, was du im Innersten denkst und was du dir im Innersten wünschst. Dies ist dein Refugium. Jetzt weißt du, wie du es erreichen kannst, indem du dich einfach tiefer und tiefer entspannst. Hierher kannst du jederzeit zurückkehren, um all das zu entdecken, was in dir verborgen ist...
Und wenn du bereit bist, kannst du jetzt hierher in dein Alltagsbewusstsein zurückkehren. Öffne in deinem eigenen Rhythmus die Augen und atme ein Mal tief ein. Sei wieder hier, erfrischt und heiter.

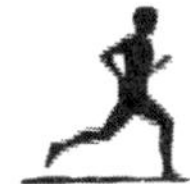

Der Garten

Naturbilder haben eine heilsame Wirkung auf die menschliche Seele. Sie laden uns ein, unser Bewusstsein auf das Hier und Jetzt zu konzentrieren und unsere Gefühle zu beachten.
In dieser Imagination führen wir die Teilnehmer in einen magischen Garten, in dem sie Geist und Körper entspannen und ein besonderes Glücksgefühl entwickeln können angesichts der Schönheit der sie umgebenden Natur.

Mach es dir auf deinem Platz bequem. Halte den Rücken möglichst gerade und atme drei Mal langsam aus, während du für eine kurze Weile deine Augen schließt...
Stell dir vor, dass du auf der Gartenterrasse eines wunderschönen, alten Hauses stehst und es genießt, wie die warme Sonne und eine sanfte Brise dein Gesicht, deine Arme und Hände streicheln. Du siehst, dass eine Treppe mit zehn Stufen von der Terrasse in einen romantischen Garten hinabführt.
Geh diese Stufen langsam hinab und verbinde jeden Schritt mit einem tiefen Ausatmen. Spüre, dass du auf diese Weise mehr und mehr loslassen kannst. Das Empfinden von zunehmender Ruhe schenkt dir ein Gefühl, dass du erst benennen kannst, wenn du die letzte Stufe hinabgestiegen bist. Dein Wort dafür lautet: Glück.
Nun entdeckst du die Wunder dieses Gartens. Du siehst ein Blütenmeer in verschiedenen Farben, exotische Sträucher, einen Brunnen aus Feldsteinen und uralte Bäume. Du kannst den Duft der Blüten genießen, auch wenn du die Namen der Blumen nie gehört hast. Du erfreust dich am Gesang der Vögel und am Plätschern des Wassers, das aus dem Brunnen in ein kleines Becken fließt, in dem sich jeder erfrischen kann, der die Gastfreundschaft dieses Hauses genießt. Spüre, wie die sanfte Wärme des Nachmittags in deinen Körper einsinkt...
Finde einen bequemen Liegestuhl und gönne dir einen Tagtraum,

der es dir leichter macht, das Gleichgewicht zwischen Geist, Körper und Seele herzustellen...
Und wenn du bereit bist, dann komm mit deiner Aufmerksamkeit hierher zurück. Öffne in deinem eigenen Rhythmus die Augen, atme ein Mal tief aus und sei wieder hier, erfrischt und wach.

Der Teich

Wasser, in der Natur und in der Phantasie, hat eine magische Qualität. Es kann uns helfen, uns zu entspannen, frische Energie zu gewinnen und Kraftreserven für die Zukunft zu bilden. Diese kleine imaginäre Situation am Teich benötigt nur ein paar Minuten, kann aber lang anhaltende Entspannung und Erfrischung schenken.

Mach es dir auf deinem Platz bequem und schließ die Augen. Atme einmal langsam aus...
Stell dir vor, dass du am Ufer eines geheimen Teiches stehst. Dichte Vegetation umgibt den stillen Teich; kein Lüftchen kräuselt die glatte Oberfläche, in der sich Bäume und Büsche spiegeln und eine Sonne, die die Mittagsstunde schon hinter sich zurückgelassen hat. Finde einen großen Stein und hebe ihn hoch. Wirf den Stein mit kräftigem Schwung ins Wasser und beobachte, wie er im Teich herabsinkt. Das Wasser ist so tief, dass der Stein schnell in der Dunkelheit verschwindet. Oben haben sich Wellen gebildet, die sich nach allen Seiten ausbreiten. Am Anfang sind die Wellen schnell und heftig, aber allmählich werden sie sanfter und langsamer, bis auch die letzte Welle vollständig verebbt ist, sodass der kleine Teich wieder so glatt und ebenmäßig daliegt wie ein Spiegel, der alles zeigt...
Nimm dir noch eine Minute Zeit für dich selbst. Betrachte dein Spiegelbild mit freundlicher Aufmerksamkeit; versuche, dein Bild nicht zu beurteilen, und denke daran, dass du beim nächsten Mal ein ganz anderes Gesicht sehen wirst.
Und wenn du bereit bist, dann komm mit deiner Aufmerksamkeit hierher zurück. Öffne in deinem eigenen Rhythmus die Augen. Atme ein Mal tief aus und sei wieder da, erfrischt und wach.

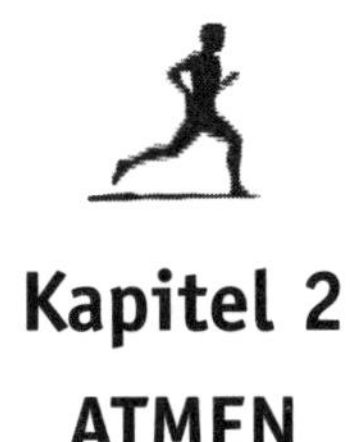

Kapitel 2
ATMEN

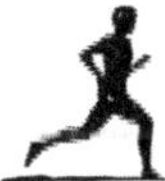

Langsam ausatmen

Normalerweise beginnen wir einen Atemzyklus mit dem Einatmen; dabei regen wir unser sympathisches Nervensystem an, das uns mit Adrenalin versorgt. Wenn wir dagegen das Ausatmen betonen, stimulieren wir unser parasympathisches Nervensystem und den Vagusnerv. Auf diese Weise kann unser Körper zur Ruhe kommen.
Die hier vorgeschlagene Atemmethode ist außerordentlich entspannend und beruhigend. Sie erzeugt ein Gefühl des Herabsinkens und Schmelzens. Wer also Stress erlebt oder Angst empfindet, der findet hier rasche Hilfe.
Diese Atemtechnik ist nicht nur für Notfälle bestimmt. Sie ist auch die ideale Vorbereitung und Einstimmung auf alle Phantasiereisen, geleiteten Imaginationen und Meditationen...
Wir benötigen für diese Methode wenig Zeit, ein bis zwei Minuten genügen, und sie lässt sich überall praktizieren.

Wir beginnen mit einem ungewohnten Atemrhythmus. Dazu ist es am besten, wenn du ganz gerade sitzt, damit du genügend Platz hast, um die Bauchmuskulatur zu bewegen. Beginne mit dem Ausatmen und mach das langsam und gründlich. Achte darauf, dass dein Ausatmen etwas länger dauert als das anschließende Einatmen. Und wenn du willst, kannst du ein kleines Geräusch dabei machen, ein sanft geflüstertes «Ahhh». Das wird dir helfen, die Luft ganz langsam hinausfließen zu lassen. Atme durch die Nase ein und durch den Mund wieder aus. Und wenn du ausatmest, dann bemerke, wie Brust und Bauch dabei einsinken. Lass dir jetzt ein paar Minuten Zeit, um mit diesem Atemmuster zu experimentieren: ausatmen... einatmen... (1-2 Minuten)
Auf diese Weise lässt sich Angst auflösen. Wenn du irgendwann bemerkst, dass du Angst bekommst, dann kannst du mit einem tiefen Ausatmen gegensteuern.

Achtsam atmen

Wenn wir uns konzentrieren wollen, wenn wir heftige Gefühle beruhigen und einen klaren Kopf bekommen möchten, dann gibt es dafür eine sehr einfache Methode: Wir beobachten die Art und Weise, wie wir atmen. Wir stellen fest, wann wir einatmen, wann wir ausatmen, wie lang die Pause zwischen den Atemzügen ist, wie schnell die Atemzüge aufeinander folgen, und wieweit unser Atemrhythmus synchron mit unserem Herzschlag verläuft. So können wir wieder zur Ruhe kommen.

Das Tempo des modernen Lebens führt manchmal dazu, dass wir aus der Balance kommen. Wir können uns jedoch leicht wieder stabilisieren, wenn wir die Methode des achtsamen Atmens praktizieren. Achtsames Atmen hast du bewusst oder unbewusst schon häufig angewendet. Jetzt kannst du diese Technik verfeinern.
Mach es dir auf deinem Platz bequem und halte den Rücken ganz gerade. Atme ein Mal langsam und gründlich aus und schließ die Augen. Überlass es anschließend deiner Intuition, so weiterzuatmen, wie es für dich natürlich ist... In der nächsten Minute sollst du atmen und dir dabei selbst zuschauen. Sitz ganz ruhig da und lass alle Lasten, die du vielleicht mit dir herumträgst, fallen – innere und äußere... Jetzt brauchst du nur zu atmen. Du musst nichts anderes tun; du musst kein Ziel erreichen; du musst auf keine Uhr achten; du musst auf keinen Menschen Rücksicht nehmen und niemanden übertreffen. Es reicht aus, wenn du dich entspannst und deinen Atem bewusst begleitest. Bemerke, wie das aufmerksame Atmen dich zur Ruhe kommen lässt und dir ein Gefühl des Friedens schenkt... (1 Minute)
Und wenn du dazu bereit bist, kannst du diese Atemübung jetzt beenden. Öffne in deinem eigenen Rhythmus die Augen und atme ein Mal tief aus. Sei wieder hier, erfrischt und wach.

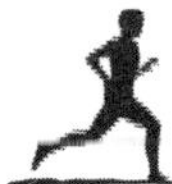

Sommerzeit

Mit der Art und Weise, wie wir atmen, beeinflussen wir unsere Gefühle. Wenn wir Unruhe, leichten Stress oder sorgenvolle Gedanken auflösen möchten, dann kann uns die folgende Atemimagination helfen.

Schon dadurch, dass wir an unseren Atem denken und ihn beobachten, tun wir etwas für unsere Lebenskraft. Und wenn wir uns dann ein paar Minuten zusätzlich Zeit für bewusstes Atmen nehmen, dann können wir uns in eine neue Stimmung bringen: ruhig, zuversichtlich, kraftvoll.
Mach es dir auf deinem Stuhl bequem und schließ die Augen. Leg eine Hand auf deinen Bauch und atme drei Mal langsam aus...
Stell dir vor, dass es Sommer ist. Du stehst auf einer Wiese, durch die ein Bach fließt. Schuhe und Strümpfe hast du ausgezogen und watest nun durch das plätschernde Wasser... Du spürst einen leichten Wind und hörst den Gesang der Vögel über dir. Die Strömung des Wassers zieht sanft an deinen Knöcheln...
Und nun konzentrierst du dich eine Weile auf deinen Atem. Du bemerkst, wann du ausatmest, und du beobachtest, wann du einatmest... Flüstere, während du einatmest, das Wort «warm» und stell dir dabei vor, wie angenehm dich die Strahlen der Sommersonne rundherum wärmen und beruhigen... Und wenn du ausatmest, flüstere das Wort «schwer» und du wirst spüren, wie die Gravitation der Erde dich ein wenig nach unten zieht. Auch dein Geist fühlt sich etwas schwerer an und schaltet alle Arbeitsprogramme ab bis auf eines, und dieses Programm heißt einfach «gute Gefühle genießen»...
Atme auf diese Weise so lang, bis du dich vollständig erholt hast. Dann kannst du mit deiner Aufmerksamkeit hierher zurückkehren und die Augen öffnen.

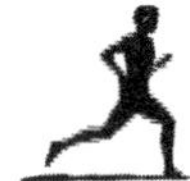

Loslassen

Wenn wir uns an etwas klammern, an Menschen, Orte, Aufgaben, Gefühle, Erinnerungen, Sorgen, Hoffnungen etc., dann verbrauchen wir dabei kostbare Energie. Fast immer geht es uns besser, wenn wir loslassen, wenn wir die Vergänglichkeit akzeptieren und das genießen, was da ist, nämlich die Gegenwart. Unsere Atmung zeigt uns dieses Lebensgesetz in jeder Minute.

Wenn du dich konzentrieren möchtest, wenn du dich auf einen Wettkampf einstellen willst oder auf neue Trainingsziele, dann kannst du die folgende Atemübung praktizieren:

1. Such dir eine bequeme Position im Stehen oder Sitzen und beginne, achtsam zu atmen: Fang mit einem langsamen Ausatmen an.
2. Bekräftige nun deine Absicht für diese Übung, indem du dir im Stillen sagst: «Ich möchte lernen, Spannungen in meinen Gefühlen und in meinem Körper aufzulösen.» Vielleicht hast du auch ein konkreteres Ziel: «Ich möchte meine übertriebenen Leistungsstandards aufgeben.»
3. Gestatte dir ein paar aufmerksame Atemzüge und balle dann eine Hand zur Faust.
4. Press die Finger mit aller Kraft zusammen. Dann überrasche dich selbst, indem du schnell die Faust öffnest. Bemerke, wie dein Körper und deine Gefühle auf dieses Loslassen reagieren.
5. Nimm dir anschließend noch eine Minute Zeit, damit sich das veränderte Gefühl in deinem Körper ausbreiten kann, und genieße das Gefühl ganz bewusst... (1 Minute)

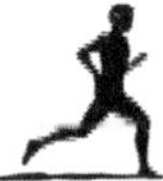

In den Körper atmen

Wir vergessen leicht, dass wir z. B. auch durch unsere Haut atmen. Uralte Atemmethoden beruhen darauf, dass wir uns vorstellen, nicht nur durch Mund und Nase zu atmen. Auf diese Weise können wir eine Reihe positiver Veränderungen herbeiführen. Wir können:

- *Schmerzen auflösen,*
- *heftige Gefühle beruhigen,*
- *Kraftreserven mobilisieren,*
- *Optimismus erzeugen,*
- *Genesungsprozesse abkürzen.*

Dabei stellen wir uns vor, durch die Stellen des Körpers zu atmen, die besondere Unterstützung benötigen, emotional oder physisch.

Mach es dir auf deinem Stuhl oder auf dem Boden bequem und schließ die Augen. Lass dir etwas Zeit, um deinen ganzen Körper zu spüren...

Nun konzentriere deine Aufmerksamkeit auf deinen Atem... Bemerke alle Einzelheiten deiner Atmung, wie die Luft in deinen Körper hineinströmt und wie sie dann wieder hinausfließt... Fühle, wie die Luft durch Nase oder Mund hereinkommt, begleitet von einem Gefühl der Kühle, wie sie dann hinabströmt durch deinen Hals in Brust und Bauch, und wie dein Körper sich öffnet, um dieses kostbare Geschenk der Natur aufzunehmen...

Nun stell dir vor, dass du auch auf andere Weise atmen kannst. Stell dir z. B. vor, dass du jetzt durch eine kleine Öffnung in deinem Schädeldach einatmest und dass die Luft hinabfließt bis ins Becken und von dort in Beine und Füße, um deinen Körper durch die Zehenspitzen wieder zu verlassen...

Stell dir vor, dass sich deine Beine beim Einatmen ein wenig ausdehnen und dass sie sich beim Ausatmen etwas zusammenziehen. Mach das bitte zwei Minuten lang und schenke deinen Beinen auf diese Weise eine wirksame Erfrischung... (2 Minuten)

Mach nun bitte dasselbe mit deinen Armen und Fingern. Atme in diese Körperteile hinein und beobachte, wie sich das auswirkt... (2 Minuten)
Schenke zum Schluss auch deinen Schultern, deinem Nacken und deinem Kopf Aufmerksamkeit, indem du dort hineinatmest... (2 Minuten)
Und wenn du dazu bereit bist, kannst du nun mit deiner Aufmerksamkeit hierher zurückkehren. Öffne in deinem eigenen Tempo die Augen und sei wieder hier, erfrischt und wach.

Die Luft anhalten

Am besten funktioniert unsere Atmung, wenn wir sie genießen können. Eine ganz leichte Atemtechnik hilft uns, den Atem als Quelle des Genusses zu entdecken. Dazu machen wir eine Pause zwischen Aus- und Einatmen.

Mach es dir auf deinem Platz bequem und achte darauf, dass dein Rücken möglichst gerade ist. Wenn du gleich langsam ausatmest, dann versuche, nach dem Ausatmen ein paar Sekunden zu pausieren. Dann atme ganz normal wieder ein und mach am Ende des Einatmens ebenfalls eine kurze Pause. Wiederhole das jetzt bitte zwei Minuten lang und achte darauf, was du dabei ganz oben in deinem Kopf unter dem Schädeldach spürst... (2 Minuten)
Nun sollst du diese besondere Atemtechnik noch etwas verfeinern: Wenn du eingeatmet hast und die kleine Pause machst, dann geh bitte mit deiner Aufmerksamkeit zu deinem Schädeldach, zu dem obersten Scheitelpunkt. Denk dabei an irgendetwas, was von hohem Wert für dich ist:

- an den Menschen, den du am meisten liebst,
- an dein wichtigstes sportliches Ziel,
- an dein Lieblingsmusikstück,
- an den größten Wunsch deines Lebens.

Bemerke, wie sich diese Atempause auf dein gesamtes Körpergefühl auswirkt. Wiederhole diese Atemtechnik ein paar Mal und passe sie deinen Bedürfnissen an.

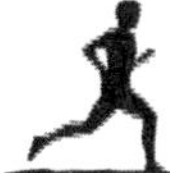

Der lange Atem

Bei dieser Atemtechnik wandert unser Bewusstsein durch den ganzen Körper, vom Kopf bis zu den Füßen. Wir erhalten ein präzises Bild vom Zustand unseres Körpers und kommen auch unbewusst den Bedürfnissen des Körpers entgegen. Die Wirkung ist nicht nur erfrischend, sondern sogar heilsam.

Mach es dir auf deinem Platz bequem und schließ die Augen. Wenn du willst, kannst du dabei auch stehen. Entspanne dich, indem du ein Mal langsam ausatmest...
Stell dir dabei vor, dass du durch deine Fingerspitzen einatmest. Lass die Luft durch die Arme in die Schultern strömen. Und wenn du ausatmest, stell dir vor, dass die Luft durch deinen Rumpf in Bauch und Beine fließt und deinen Körper am Ende durch die Zehenspitzen wieder verlässt.
Mach das bitte in paar Mal – von den Fingerspitzen bis zu den Zehenspitzen... und fühle, wie sich diese Art zu Atmen auswirkt... auf deinen ganzen Körper, auf Bauch und Becken, auf die Brust und auf den Nacken.
Achte darauf, dass du die Schultern nicht bewegst, wenn du den «langen Atem» durch deinen Körper fließen lässt... (2 Minuten)

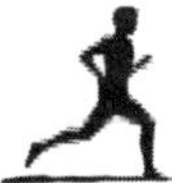

Meereswellen

Auch hier geht es darum, in einem gleichmäßigen, sich selbst tragenden Takt zu atmen. Das Bild der Wellen lädt uns ein, uns ihrem Rhythmus zu überlassen. Gleichmäßiges Atmen führt zu einer mentalen und physischen Entspannung, löst Ängste und Stress und versorgt uns mit frischer Energie.

Leg dich behaglich auf den Rücken; Arme und Hände liegen neben deinem Körper auf dem Boden. Stell dir vor, du liegst irgendwo im Süden am Strand und wirst beim Einatmen von Meereswellen überspült und wenn du ausatmest, weichen die Wellen wieder zurück... Mach dir keine Sorgen um das Wasser. Wir ändern die physikalischen Eigenschaften des Wassers und geben ihm kurzerhand die gasförmige Qualität der Luft. Gestatte den Wellen, in ihrem eigenen Rhythmus zu kommen und zu gehen. Du musst sie nicht beeinflussen. Du darfst ihnen passiv folgen... Atme ein, wenn eine Welle kommt, und atme aus, wenn die Welle wieder geht... Bemerke, wo du die Welle spürst, wie weit sie herankommt, wie weit sie sich zurückzieht. Atme auf diese Art nicht länger als drei oder vier Atemzyklen und achte anschließend darauf, was dabei in deinem Körper geschehen ist... (2 Minuten)
Nun kehre zu deinem natürlichen Atemrhythmus zurück. Richte dich langsam auf... zunächst zum Sitzen... dann zum Stehen... Du wirst dich anschließend wach und konzentriert fühlen.

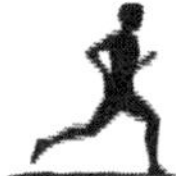

Farbiger Atem

Hier dirigieren wir die Aufmerksamkeit der Teilnehmer auf verschiedene, psychologisch bedeutsame Farben. Die damit verbundenen Assoziationen fesseln die Aufmerksamkeit und leiten automatisch eine angenehme Entspannung ein. Teilnehmer, die Sinn für Farben haben, können sich diese Atemtechnik leicht aneignen und später auch eigenständig benutzen. Sie lässt sich leicht abwandeln und den eigenen Bedürfnissen anpassen.

Mach es dir auf deinem Platz bequem und schließ die Augen. Achte darauf, dass dein Rücken ganz gerade ist, damit du tief und entspannt atmen kannst.
Beginne einfach damit, dass du auf deinen Atem achtest und ihn so akzeptierst, wie er ist, flach oder tief, langsam oder schnell, gelassen oder unruhig... (1 Minute)
Bemerke nun die Wendepunkte vom Einatmen zum Ausatmen und vom Ausatmen zum Einatmen... Du kannst jetzt etwas Neues ausprobieren, indem du dir vorstellst, dass du Farben einatmest. Auf jeden von uns wirken Farben anders, aber es gibt einige Gemeinsamkeiten.
Ich weiß nicht, welches deine Lieblingsfarbe ist, doch ich weiß, dass Lila für mich eine Farbe ist, die meine Gesundheit fördert. Vielleicht möchtest du auch mit dieser Farbe experimentieren. Stell dir also vor, dass du beim Einatmen die Farbe Lila in deinen Körper strömen lässt. Lass die Farbe in deinem Körper überall hinströmen. lass sie kreisen und mal kräftiger und mal dezenter auftauchen. Und wenn du ausatmest, dann lass die verbrauchte Luft auch lila sein; lass sie alle Spannungen und allen Stress mit nach draußen transportieren. Benutze die Farbe Lila als Hilfe, um innerlich aufzuräumen. Lass sie überall hinströmen und dafür sorgen, dass das Alte, Verbrauchte deinen Körper verlässt und Raum für frische Energie entsteht...

Und was hältst du von der Farbe Orange? Viele Menschen mögen diese Farbe, weil sie ein Gefühl des Wohlbehagens erzeugen kann, indem sie uns an die Wärme der Sonne erinnert. Atme also diese Farbe ein und verteile sie überall in deinem Körper. Vielleicht findest du dabei auch heraus, welche Farbe dein Körper besonders mag...

Was hältst du von Blau? Du kannst Blau einatmen und Blau ausatmen und daran denken, dass dies die Farbe des Himmels und des Meeres ist, die Farbe von Ruhe und Frieden...

Jetzt hast du gesehen, wie leicht es ist, farbige Luft einzuatmen und überall im Körper zu verteilen. Du hast immer die Möglichkeit zu entscheiden, welche Farbe zu deiner aktuellen Situation und zu deinen Zielen passt. Lass dir noch zwei Minuten Zeit, um mit Farben deiner Wahl zu experimentieren... (2 Minuten)

Wenn du bereit bist, komm mit deiner Aufmerksamkeit hierher zurück. Öffne in deinem eigenen Rhythmus die Augen und sei wieder hier, erfrischt und wach.

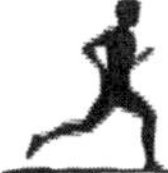

Ein gleichmäßiger Puls

Wenn unser Herz gleichmäßig schlägt, sind die Intervalle zwischen den einzelnen Herzschlägen in etwa gleich lang. Wenn unser Herz z. B. 60 Mal in der Minute schlägt, dann sollte der zeitliche Abstand zwischen den einzelnen Pulsen etwa eine Sekunden sein. Aber das Herz ist keine Maschine und die Intervalle zwischen seinen einzelnen Schlägen verändern sich ständig. Wichtig ist, dass die Abstände zwischen den einzelnen Herzschlägen einigermaßen gleichmäßig sind. Dann erleben wir weniger Stress, haben mehr Energie und einen besseren Zugang zu unseren Gefühlen.
Im Folgenden erklären wir eine einfache, aber wirksame Atemtechnik. Dabei beeinflusst der Atemrhythmus den Herzrhythmus, und der neue Herzrhythmus hat eine beruhigende Wirkung auf unser Gehirn.

Für die folgende Atemtechnik benötigst du später nur eine Minute. Sie gibt dir das Gefühl innerer Ruhe und Harmonie. Sie beeinflusst auch deinen Herzrhythmus und sorgt für einen gleichmäßigen, stabilen Herzschlag. Dieser wiederum lässt dein Gehirn besser arbeiten, besonders was Konzentration, Kreativität, Intuition und Entscheidungfähigkeit angeht. Das Ganze geschieht in drei Schritten:

1. Konzentriere dich auf dein Herz: Richte deine ganze Aufmerksamkeit auf dein Herz und seine Umgebung... Wenn das für dich ungewohnt ist, dann mach Folgendes: Bewege deinen rechten großen Zeh ein wenig. Nun bemerke deinen rechten Ellenbogen und bewege ihn etwas auf und ab. Schließlich konzentriere dich auf die Mitte deiner Brust, denn dort ungefähr schlägt dein Herz. Wenn du möchtest, kannst du auch eine Hand auf dein Herz legen. Das wird es dir erleichtern, deine Aufmerksamkeit dort zu konzentrieren...
2. Konzentriere dich auf deinen Atem: Stell dir vor, dass du nicht durch den Mund oder durch die Nase atmest, sondern durch

dein Herz. Auf diese Weise bleibt deine Aufmerksamkeit auf dein Herz gerichtet. Atme langsam und sanft ein und zähle dabei bis fünf oder sechs... Atme genauso sanft wieder aus, und zähle dabei ebenfalls bis fünf oder sechs. Mach das eine Weile, bis du den Eindruck hast, dass du sanft und natürlich atmest...

3. Konzentriere dich auf dein Gefühl: Atme weiter durch dein Herz. Während du das tust, erinnere dich bitte an ein positives Gefühl, an eine Situation, in der du dich rundum wohlgefühlt hast, und rufe dieses Gefühl wieder in dir wach... Vielleicht denkst du an deine liebevollen Gefühle für deinen Partner oder für ein Haustier, an einen Ort in der Natur oder an eine besondere Situation im Sport. Gestatte dir, dieses gute Gefühl erneut zu spüren: Liebe... Fürsorge... Begeisterung...
4. Sobald du dieses positive Gefühl gefunden hast, kannst du es zur Entfaltung bringen, indem du weiter aufmerksam durch dein Herz atmest.

Das Ergebnis dieser Atemtechnik zeigt sich in innerer Ruhe, in Optimismus, Intuition und Willenskraft.

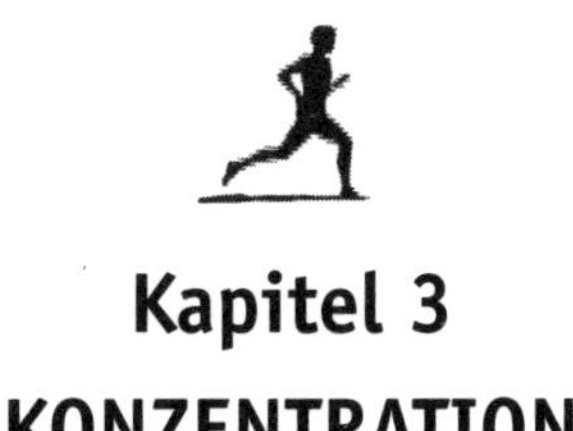

Kapitel 3
KONZENTRATION

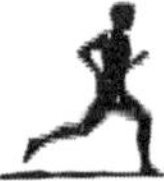

Die Aufmerksamkeit lenken

Meist lenkt unser Gehirn seine Aufmerksamkeit ganz von selbst auf die für uns wichtigen Themen, Personen, Aufgaben etc. Wenn wir uns jedoch bedroht fühlen, wenn wir Angst haben oder uns ärgern, wenn wir erschrecken oder uns unsicher fühlen, dann schaltet unser Gehirn auf ein Notprogramm um mit dem Ziel, unsere Sicherheit und unser Überleben zu garantieren. Doch das führt nur selten zum gewünschten Ergebnis, sondern es vertieft noch die Krise, in der wir stecken. Deshalb ist es gut, wenn wir die Fähigkeit entwickeln, uns selbst zu beruhigen, unserer Aufmerksamkeit einen produktiven Fokus zu geben und unsere Selbstsicherheit wiederherzustellen. Viele Menschen helfen sich, indem sie kurze «hypnotische» Formeln murmeln wie: «Immer mit der Ruhe!», «Nun mal langsam!», «Ich lasse mich nicht ins Bockshorn jagen!», «Das wäre ja doch gelacht!»
Wenn es uns bei Aufregung gelingt, unseren Geist wieder in ruhige, optimistische Bahnen zu lenken, dann ersparen wir unserem Körper unnötige Stresshormone und schaffen unserem Gehirn die Voraussetzung, klar und kreativ zu denken.

Mach es dir auf deinem Platz bequem und schließ die Augen. Atme drei Mal langsam aus...

1. Stell dir vor, du schaust auf eine weiße Leinwand und siehst dort ein gelbes Dreieck. Vielleicht verändert sich die optische Figur am Anfang etwas. Das ist okay.
2. Stell dir daneben ein rotes Dreieck in derselben Größe vor.
3. Nun dirigiere deine Aufmerksamkeit von einem Dreieck zum anderen: Schau auf das gelbe Dreieck, und sieh nur dieses eine Dreieck... Dann fokussiere deine Aufmerksamkeit auf das rote Dreieck und sieh jetzt nur dieses eine Dreieck...
4. Mach das ein paar Mal. So übst du, deine Imagination sicher zu steuern.

5. Lass nun die Dreiecke in den Hintergrund treten und stell dir stattdessen zwei verschiedene Situationen vor: Die eine soll angenehm sein, die andere unangenehm. Beginne mit der unangenehmen Situation und stell sie dir ganz genau vor, mit allen deinen Sinnen... (1 Minute)
   Nun geh mit deiner Aufmerksamkeit zu der angenehmen Situation und stell sie dir lebendig und konkret vor... (1 Minute)
   Und fokussiere nun deine Aufmerksamkeit abwechselnd auf die beiden Situationen... (1 Minute)

Du kannst den Fokus deiner Aufmerksamkeit absichtlich verändern: von deiner inneren Welt auf die äußere Welt... von der Vergangenheit auf die Zukunft... von der Welt der Arbeit auf die Welt des Spiels und umgekehrt... Bemerke, dass du selbst immer im Zentrum stehst. Du bist es, der darüber entscheidet, worauf du dich konzentrieren möchtest.

Wenn wir fähig sind, uns gut zu konzentrieren, dann können wir einige schlechte Angewohnheiten aufgeben:

- das Bedürfnis, mehrere Dinge gleichzeitig zu erledigen,
- die Angst, nicht genug zu schaffen,
- das Bedürfnis, etwas rasch zu beenden, um etwas Neues beginnen zu können.

Stattdessen lernen wir, uns auf die Gegenwart zu konzentrieren, das zu tun, was getan werden muss: immer eine Sache zur Zeit und mit voller Konzentration.

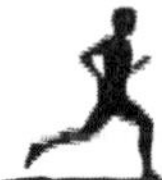

Der Tempel der Stille

Manchmal haben wir das Bedürfnis, in einem umfassenden Sinne zur Ruhe zu kommen – physisch, emotional und spirituell. Wir möchten uns auf uns selbst konzentrieren, auf unsere Gefühle, auf unsere Gedanken und auf all das, was in der Hektik des Lebens leicht übersehen wird. «Der Tempel der Stille» führt uns Schritt für Schritt und langsam in den Bereich ruhiger Konzentration.

Stell dir vor, dass du in einer lauten und überfüllten Stadt zu Fuß unterwegs bist... Spüre unter deinen Füßen das Pflaster des Bürgersteigs... Bemerke die anderen Fußgänger, die dir begegnen, ihre Gesichter, ihre Körperhaltung, ihre Kleidung... Bemerke, dass viele Menschen offenbar in Eile sind, während andere ruhig durch die Stadt schlendern...
Achte auch auf den Verkehr, die Geschwindigkeit der Fahrzeuge, die Geräusche der Motoren, das Hupen und das Heulen der Sirenen, wenn Rettungsfahrzeuge sich ihren Weg bahnen müssen.
Achte auf die Schaufenster und die Auslagen... Buchhandlungen, Boutiquen, Blumenläden... Vielleicht entdeckst du sogar ein vertrautes Gesicht in der Menge. Bleibst du dann stehen, um die Person zu begrüßen?... Gehst du vorbei?... Und wie fühlst du dich in diesem lauten Getümmel?...
Jetzt kommst du an eine Ecke und biegst in eine ruhigere Seitenstraße ein. Du gehst diese Straße ein Stück entlang und kommst zu einem Gebäude, das sich von allen anderen unterscheidet. Auf einer großen Inschrift liest du die Worte: «Tempel der Stille.» Mitten in all der Aktivität hast du eine Insel der perfekten Ruhe gefunden und du weißt, dass im Innern des Tempels vollständiges Schweigen herrscht. Dort ist noch niemals ein Wort gesprochen worden.
Sobald du den Tempel betrittst, bist du in einer neuen Welt, eingetaucht in eine Atmosphäre zeitloser Stille. Die Stille umgibt dich und durchdringt dich wie eine wortlose Umarmung. Du antwortest

mit einem tiefen Seufzer, der alle Unruhe und alle Sorgen von dir abfallen lässt. Du spürst, dass die Stille dir guttut, dass sie deinen Geist beruhigt, dein Herz öffnet und deinen Körper aufatmen lässt. Du fühlst dich befreit von Bürden, die du schon lange mit dir herumgetragen hast. Du gestattest dir, eine Weile in dieser Stille zu verweilen; du hörst dem Schweigen zu; und schließlich wirst du selbst zum Schweigen... (1 Minute)
Nach einer Weile fasst du den Entschluss, den Tempel zu verlassen und in die geschäftige Welt zurückzukehren. Wenn du wieder eintauchst in die Ströme der Menschen, wirst du bemerken, dass deine Gefühle sich verändert haben und dass deine Sinne dir nun deutlichere Eindrücke vermitteln.

Der Klang des Lebens

Wenn wir uns konzentrieren wollen, dann können uns dabei Geräusche und Klänge helfen, die wir sonst ignorieren. Wir erleben sie auf neue Weise. So stärken wir unsere Verbindung zum Leben und geben unserer Aufmerksamkeit einen klaren Fokus.
Die Übung ist für drinnen wie draußen geeignet.

1. Setz dich bequem hin und schließ die Augen. Atme drei Mal langsam aus und atme dann in deinem natürlichen Rhythmus weiter.
2. Geh mit deiner Aufmerksamkeit nun zu den Geräuschen, die an dein Ohr dringen. Erlaube allen Geräuschen, dein Ohr zu erreichen, und verzichte darauf, sie zu beurteilen, sie miteinander zu vergleichen oder deine Präferenzen auszudrücken.
3. Begrüße alle Klänge, alle Töne mit freundlicher Aufmerksamkeit. Vernimm in ihnen die Stimme des Lebens, vielgestaltig und überraschend – manchmal sanft, manchmal laut, manchmal wohlklingend, manchmal schrill...
4. Achte auch auf die Abstände zwischen den einzelnen Klängen und Geräuschen. Bemerke, wann ein spezifisches Geräusch beginnt und wann es verklingt...
5. Vielleicht ist es dir möglich, aus all diesen Klängen eine musikalische Komposition zusammenzufügen. Welchen Titel würdest du dieser Komposition geben?...
6. Nimm dir nun die Zeit und lausche noch ein paar Minuten der Musik des Lebens... (2 Minuten)
7. Atme jetzt ein Mal kurz aus und öffne in deinem eigenen Rhythmus die Augen.

Nah herangehen

Unser Alltag gibt uns fortwährend Gelegenheit, zur Ruhe zu kommen und uns zu konzentrieren.

Mach es dir auf deinem Stuhl bequem und nimm irgendein Objekt zur Hand, das du häufig benutzt, wie z. B. deinen Hausschlüssel, den Autoschlüssel, einen Ring, ein Armband, einen Kugelschreiber oder eine Teetasse. Dann schließ die Augen und atme drei Mal langsam aus...
Nun erforsche das Objekt mit deinen Fingern und mach dich umfassend damit vertraut. Aber tu das bitte sanft und mit Respekt... (1-2 Minuten)
Nun öffne die Augen und betrachte das untersuchte Objekt von allen Seiten. Bemerke alle Einzelheiten...
Während du das tust, denk zurück an all die Augenblicke, in denen du dieses Objekt benutzt hast. Empfinde Dankbarkeit für die Unterstützung und den Nutzen, den es dir gebracht hat...
Sprich das Objekt an und gib deiner Dankbarkeit Ausdruck...
Bemerke, wie du dich jetzt fühlst und erwäge die Möglichkeit, diesem Objekt deine volle, freundliche Aufmerksamkeit in Zukunft häufiger zu schenken. Du kannst davon ausgehen, dass das Objekt es dir danken wird.

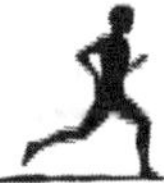

Geschenke zählen

Besonders wirksam sind Konzentrationsübungen, bei denen nicht nur der Kopf, sondern auch das Herz beteiligt ist. Die daraus resultierende Konzentration ist umfassender; sie bezieht Intuition und Kreativität mit ein.

Entscheidende Veränderungen können uns dann gelingen, wenn wir die Dinge aus einer neuen Perspektive betrachten. Das ist z. B. der Fall, wenn wir das Alltägliche, an das wir uns gewöhnt haben, als Geschenk des Lebens ansehen.
Mach es dir auf deinem Platz bequem und schließ die Augen. Atme drei Mal langsam aus...
Finde zehn Objekte, Situationen oder Menschen, mit denen du täglich zu tun hast. Die meisten wirst du mit den Augen der Gewohnheit betrachten. Doch du kannst einen mentalen Sprung wagen und daraus Geschenke des Lebens machen, die du genießen kannst. Finde also zehn Dinge aus deinem Alltag, für die du dankbar sein kannst. Berühre für jedes dieser Geschenke einen deiner Finger. Dann musst du nicht zählen, und du wirst deutlich bemerken, dass Dankbarkeit ein magisches Gefühl ist... (3-4 Minuten)
Wenn du so weit bist, dann atme ein Mal kurz aus und öffne in deinem Rhythmus die Augen.

Schwerkraft

Für diese Konzentrationsübung werden etwa fünf Minuten benötigt. Wir brauchen einen Platz, wo wir uns auf den Boden legen können.

Bei dieser Übung kannst du stehen, sitzen oder liegen, und am besten probierst du alle drei Positionen aus.
Schau zunächst auf den Boden unter dir. Spüre die Teile deines Körpers, die direkten Kontakt mit dem Untergrund haben. Eine unsichtbare Kraft, die aus der Tiefe heraus wirkt, zieht deinen Körper zum Mittelpunkt der Erde. Wir nennen sie Schwerkraft, und bis heute weiß niemand, woher sie stammt. Doch unser Körper spürt sie, und er ist ständig damit beschäftigt, auf sie zu reagieren.
Du kannst nun ausprobieren, wie es sich anfühlt, wenn du dem Ruf der Schwerkraft bereitwillig folgst... Schwerkraft ist nicht nur Schwere, sie ist Anziehung, und Anziehung ist eine Form der Liebe.
Wenn du stehst, dann lass Kopf, Schultern und Arme locker herabhängen. Entspanne deine Muskeln und lass los...
Wenn du auf dem Boden liegst, dann lass noch vollständiger los. Stell dir vor, dass die Erde dich ein wenig in sich einsinken lässt...
Wenn du sitzt, dann spüre, wie Füße und Gesäß ein paar Millimeter in den Untergrund einsinken... In jeder Position wirst du von der Erde gehalten.
Bisweilen hast du vielleicht das Gefühl, dass auch dein Bewusstsein nach unten sinkt. Manchmal ist das ein gutes Gefühl, und manchmal ist das ein unbehagliches Gefühl... Lass dir jetzt noch etwas Zeit für eigene Experimente mit der Schwerkraft... (2 Minuten)
Prüfe nun, wie du dich jetzt fühlst – geistig, physisch und emotional... Atme dann ein Mal langsam aus und öffne die Augen, falls sie noch geschlossen sind.

Der Zen-Meister

Diese Übung beleuchtet den wichtigen Unterschied zwischen Intention und Ziel. Das Bogenschießen dient der Illustration. Der Zen-Meister ist ein qualifizierter Bogenschütze. Seine Absicht ist es, den Pfeil so präzise wie möglich abzufeuern, aber wenn er den Pfeil loslässt, schließt er die Augen. Erst danach öffnet er die Augen wieder. Auf diese Weise reduziert er die eigene Angst vor einem Fehlschuss. Er legt eine heilsame Distanz zwischen seine Aktion und das Ziel und weil er stressfrei schießt, schießt er genau.

Mach es dir auf deinem Platz bequem und schließ die Augen. Atme drei Mal tief aus...
Sieh dich als Zen-Meister. Du trägst eine Art Kimono, der von einem Gürtel zusammengehalten wird. Deine Sportausrüstung ist ungewöhnlich: Du hast einen goldenen Bogen, einen goldenen Köcher und darin einen goldenen Pfeil. Das Ziel steht in passender Distanz vor dir. Sieh, wie du deinen Körper in die richtige Haltung bringst. Wenn du Rechtshänder bist, lass deine linke Schulter auf das Ziel deuten. Du stehst ganz aufrecht und atmest gleichmäßig und natürlich...
Nun nimmst du den goldenen Pfeil aus dem Köcher und legst ihn auf die Sehne des Bogens. Du fasst das Holz des Bogens mit festem Griff und ziehst die Sehne mit deiner dominanten Hand zurück. Fass das Ziel ins Auge und atme ein Mal langsam aus...
Und nun schließ die Augen, sodass du das Ziel nicht mehr siehst. Lass den Pfeil los und atme aus... Öffne die Augen, um nachzuschauen, wo der Pfeil gelandet ist. Überprüfe, was geschehen ist...
Lass das Bild nun verschwinden, und wenn du bereit bist, kehre mit deiner Aufmerksamkeit hierher zurück. Atme aus und öffne in deinem eigenen Rhythmus die Augen.

Anmerkung: Die meisten Teilnehmer treffen in ihrer Phantasie das Ziel. Das ist ein Hinweis darauf, dass sie in der Lage sind, sich emotional von dem Ergebnis ihrer Aktion zu distanzieren.
Wer zu sehr auf das Ziel fixiert ist, versklavt sich selbst. Er verliert die Unterstützung durch die eigene Intuition und trifft nicht.
Eine gelassene Haltung einzunehmen ist für jeden schwierig. Darum lohnt es sich, diese Imagination eine Weile regelmäßig durchzuführen (z. B. drei Wochen lang, jeweils morgens).

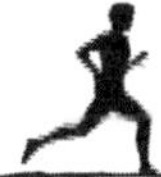

Gesund werden, gesund bleiben

Für einen Athleten ist Gesundheit die Voraussetzung für den erfolgreichen Ausbau seiner Fähigkeiten. Dafür ist es notwendig, dass er seinen Körper gut behandelt, besonders nach großen Anstrengungen, nach Verletzungen oder Krankheiten. In dieser Übung kümmern wir uns um Körperteile, die erschöpft sind, die schmerzen oder die einfach Erholung benötigen.

Mach es dir auf deinem Platz bequem und schließ die Augen. Achte bitte darauf, dass dein Rücken möglichst gerade ist, damit du genügend Platz zum Atmen hast. Atme drei Mal langsam aus...
Geh nun mit deiner Aufmerksamkeit in deinen Körper und mach eine Bestandsaufnahme. Du wirst Muskeln und Organe finden, die in guter Verfassung sind und du wirst Stellen im Körper entdecken, die sich freuen, wenn du dich etwas um sie kümmerst...
Wenn es irgendeine Stelle in deinem Körper gibt, die sich müde fühlt oder erschöpft, die schmerzt, verspannt ist oder sogar krank, dann nimm dir die Zeit, dies zu bemerken und drücke ihr deine Bereitschaft aus zu helfen. Während du einatmest, kannst du dein Verständnis mit unhörbaren Worten ausdrücken: «Es ist in Ordnung, dass du dich jetzt etwas ausruhst und erholst. Du hast dich in letzter Zeit genügend angestrengt.» Und wenn du ausatmest, kannst du z. B. sagen: «Ich danke dir, dass du mich so gut unterstützt hast und ich wünsche dir gute Besserung.»
Bitte beachte auch die Teile deines Körpers, die stark und gesund sind. Du kannst diese vitalen Körperzonen dazu einladen, etwas von ihrer Stärke und Energie an die schwächeren oder kranken Bereiche abzugeben. Lade deinen Körper dazu ein, Vorbeugung und Wiederherstellung als gemeinsames Projekt des gesamten Organismus zu betrachten... Biete dich als Moderator für diesen Prozess an. Von Zeit zu Zeit solltest du deine eigene Rolle beschreiben. Atme

ein und bestätige dir selbst deine Fähigkeit, gesund und stark zu werden. Atme aus und lass Sorgen, Angst und Anspannung los. Vertraue darauf, dass dein Körper seine Balance am besten dann finden kann, wenn du ihn verständnisvoll und mit Respekt behandelst.

Und wenn du bereit bist, atme ein Mal kurz aus. Öffne in deinem eigenen Rhythmus die Augen und sei wieder hier, erfrischt und wach.

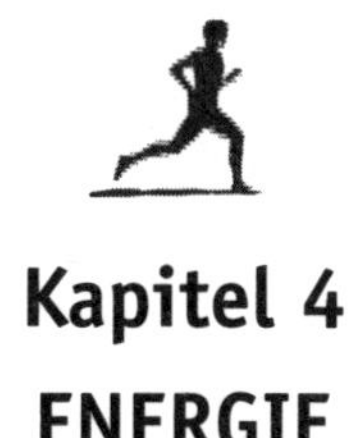

Kapitel 4
ENERGIE

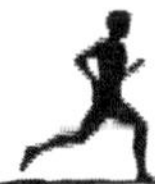

Energie erzeugen

Jeder von uns ist in der Lage, durch mentale Konzentration Energie freizusetzen. Wir können lernen, die Temperatur an bestimmten Stellen unseres Körpers zu regulieren. Wir können den Blutstrom einschränken oder intensivieren. Und wir können lernen, verbrauchte Energie in relativ kurzen Pausen zu ersetzen.
Für Athleten ist dieses Energiemanagement besonders wichtig. Es ist die Voraussetzung für gute sportliche Leistungen, aber auch für Lebensfreude und Vergnügen beim Training.

Mach es dir auf deinem Stuhl bequem und schließ die Augen. Achte darauf, dass dein Rücken ganz gerade ist, damit du Platz genug hast, um tief und entspannend zu atmen. Atme drei Mal langsam aus...
Nun stell dir bitte irgendeine Energiequelle vor, direkt dir gegenüber. Spüre, dass sie dich wärmt und dir frische Kraft gibt. Spüre, wie die Energie in deiner gesamten Vorderseite zirkuliert... Atme diese Energie tief ein...
Stell dir nun vor, dass dieselbe Energiequelle hinter dir ist. Spüre, wie die Energie in deiner Rückseite zirkuliert...
Nun stell dir die Energiequelle auf deiner rechten Seite vor. Spüre, wie deine rechte Seite von Energie durchströmt wird...
Lass die Energiequelle nun auf deiner linken Seite sein. Spüre, wie deine linke Seite von Energie durchströmt wird...
Jetzt stell dir vor, dass die Energiequelle über dir ist. Spüre, wie Kopf und Schultern von Energie durchströmt werden...
Nun soll die Energiequelle unter dir sein. Spüre, wie die Fußsohlen von Energie durchströmt werden und wie die Energie in deinen Beinen nach oben steigt und deinen ganzen Körper durchdringt...
Und nun stell dir bitte vor, dass du selbst eine Energiequelle bist, die einer anderen Person Energie sendet. Überlege dir, wem du Energie senden möchtest...

Sende nun etwas von deiner Energie an die Menschen deiner Familie... Sende etwas von deiner Energie an deine Teamkameraden... Sende etwas von deiner Energie an Athleten in der ganzen Welt, die sich freuen, wenn andere an sie denken... (1 Minute)
Und wenn du bereit bist, dann komm mit deiner Aufmerksamkeit hierher zurück. Atme ein Mal langsam aus und öffne dann in deinem eigenen Rhythmus die Augen.

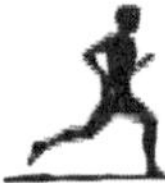

Energie und Stärke

In dieser Visualisierung lassen wir die Energie der Erde in uns einströmen. Wir können die Übung im Liegen oder im Stehen durchführen.

Schließ die Augen und finde eine bequeme Haltung, im Stehen oder im Liegen. Atme drei Mal langsam aus... Nun geh mit deiner Aufmerksamkeit nach innen und spüre deinen gesamten Körper...
Stell dir bitte vor, dass die Erde ein riesiger Ball aus Energie ist, von der du dir etwas nehmen kannst, um dich selbst stark und kräftig zu fühlen...
Vielleicht möchtest du dir vorstellen, dass die Energie der Erde summt und brummt... Vielleicht gefällt dir aber auch die Vorstellung, dass die Energie der Erde warm ist oder dass sie wie eine kleine Sonne leuchtet... Entspanne deine Füße und stell dir vor, dass die Energie langsam in deine Füße hineinströmt...
Entspanne deine Fußgelenke und lass die Energie in deinen Beinen aufsteigen...
Lass deine Beine, deine Fußgelenke und Füße spüren, dass die Energie durch sie hindurchfließt, wenn sie aus der Erde nach oben strömt zu dir und für deinen Körper...
Und nun lass die Energie weiter nach oben strömen in dein Becken hinein und in deinen ganzen Körper unterhalb der Gürtellinie...
Lass jetzt die Energie noch weiter nach oben strömen in deinen Magen, in deine Brust und in deinen Hals...
Und nun lass die Energie noch weiter hinaufsteigen, bis sie durch deine Augen wieder hinausfließt... Lass sie deinen gesamten Kopf anfüllen und oben aus deinem Schädeldach wieder hinausströmen.
Spüre die Bewegung der Energie von den Tiefen der Erde bis zum Scheitelpunkt deines Kopfes...
Immer wenn du deine innere Batterie aufladen möchtest, kannst du dir vorstellen, dass die Energie der Erde durch deine Füße in deinen

Körper strömt. Diese Energie ist immer für dich da, wenn du sie brauchst, zu jeder Zeit und an jedem Ort.
Und je häufiger du diese Visualisierung übst, desto schneller stellt sich ihre Wirkung ein.
Komm nun mit deiner Aufmerksamkeit hierher zurück und atme ein Mal tief aus. Öffne in deinem eigenen Rhythmus die Augen und sei wieder hier, erfrischt und wach.

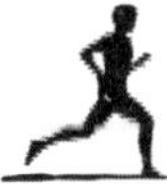

Energiereserve

Vor sportlichen Wettkämpfen ist es zweckmäßig, sich einen Vorrat an mentaler Energie anzulegen. Dafür können wir bereits ein paar Tage vor dem Wettkampf sorgen.

Mach es dir auf deinem Platz bequem und schließ die Augen. Halte deinen Rücken möglichst gerade, damit deine Bauchmuskulatur elastisch und weich wird. Atme drei Mal langsam aus und entspanne dich jedes Mal ein wenig mehr...

Vor sportlichen Wettkämpfen ist es zweckmäßig, sich einen Vorrat an mentaler Energie anzulegen. Du kannst dir in deiner Phantasie tief in deinem Bauch einen symbolischen Behälter schaffen, unterhalb des Nabels, um darin Energie zu sammeln und aufzubewahren. Vielleicht möchtest du dir einen goldenen Beutel vorstellen oder eine goldene Dose, die du nach und nach mit deiner persönlichen Energie anfüllst. Immer wenn du einatmest, kannst du Energie aus deiner Umgebung einsammeln und sie in deinen Behälter füllen...

Vielleicht wird das Gefühl noch lebendiger, wenn du am Ende jedes Einatmens eine kleine Pause machst und die Luft einen Moment anhältst. Und wenn du dann langsam ausatmest, kannst du Wörter denken wie: Ausdauer, Beharrlichkeit, Stehvermögen, Entschlusskraft, Unerschütterlichkeit, Zielstrebigkeit und Durchhaltevermögen...

Diesen Vorrat an Energie kannst du in Notfällen jederzeit anzapfen. Wenn du dann in einen Wettkampf gehst, hast du das beruhigende Gefühl, dass du eine Kraftreserve hast, die bereit ist, dich zu unterstützen.

Atme jetzt ein Mal kurz aus. Öffne in deinem Rhythmus die Augen und sei wieder hier, erfrischt und wach.

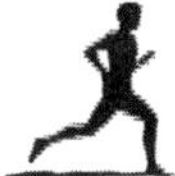

Heilende Energie

Für jeden Athleten ist es wichtig, an die Selbstheilungskräfte des eigenen Organismus zu glauben. Wer von dieser Vorstellung durchdrungen ist, wird sich seltener verletzen und Krankheiten und körperliche Schwächen schneller überwinden.
In dieser Imagination erinnern wir uns an unsere eigene unglaubliche Fähigkeit, uns selbst zu heilen.

Mach es dir auf deinem Platz bequem und schließ die Augen. Atme drei Mal langsam aus...
Erinnere dich daran, dass alle Lebewesen eine Gemeinsamkeit haben: Sie können Schäden in ihrem Organismus reparieren. Verletzte Tiere heilen ihre Wunden, Pflanzen ersetzen abgebrochene Zweige. Und auch der Mensch hat die Kraft, sich selbst wiederherzustellen. Außerdem verfügen wir über die kostbare Gabe der Phantasie und sind daher in der Lage, die heilende Arbeit des Körpers zu unterstützen und zu ergänzen. Auch du hast diese wunderbare, heilende Energie in dir.
Geh jetzt mit deiner Aufmerksamkeit tief nach innen, mitten in dein Zentrum, mitten in die Quelle deiner heilenden Energie. Geh ohne Umweg zum Ursprung deiner heilenden Kraft und spüre, wie sie sich in deinem inneren Zentrum zeigt.
Diese Energie kannst du zu jenen Teilen deines Körpers schicken, von denen du intuitiv weißt, dass sie sich regenerieren müssen.
Jeder von uns hat seine persönliche Vorstellung von Energie. Für manchen ist sie eine Lichtquelle wie Sonne, Mond und Sterne. Dieses Licht kann an jede Stelle des Körpers geschickt werden, die erschöpft ist, die verletzt oder auf andere Weise aus der Balance geraten ist. Das heilende Licht kann jede Stelle unseres Körpers erreichen und sie mit liebevoller Wärme wieder ins Gleichgewicht bringen. Es ist ein goldenes Licht, das kranke und verletzte Teile einhüllt, das Stärke und neues Wachstum anregt.

Du kannst auch deine eigene Vorstellung davon entwickeln, was für dich heilende Energie ist. Finde sie tief in dir und schicke sie dorthin, wo sie gebraucht wird...

Wichtig ist, dass du diese heilende Energie fühlst. Spüre, dass der Heilungsprozess in dir jetzt beginnt... Wenn du aufmerksam bist, wirst du spüren, wie die heilende Energie deinem Körper hilft. Sie kann Wärme schenken, Schmerzen lindern, Spannungen lösen, Zerrissenes und Gebrochenes wieder zusammenfügen... Sie kann den Körper von Giftstoffen und altem Ballast befreien...

Lass die Energie dorthin in deinen Körper fließen, wo sie gebraucht wird. Deine Intuition kennt alle Teile und Regionen deines Körpers und dein unbewusster Geist verfügt über bessere medizinische Informationen als dein Tagesbewusstsein. Manchmal bist du überrascht von der Weisheit deiner Intuition, die deine Energie im Körper verteilt. Du darfst deiner Intuition vertrauen. Dieses Vertrauen ist wichtig, damit es dir und deinem Körper gut geht.

Und wenn du bereit bist, dann atme ein Mal kurz aus und öffne in deinem eigenen Rhythmus die Augen.

Weißes Licht

Weißes Licht wird häufig als Metapher für Energie verwendet. Die Vorstellung von weißem Licht inspiriert uns. Sie macht uns wach, munter, kraftvoll und optimistisch.

Mach es dir auf deinem Platz bequem und schließ die Augen. Atme drei Mal langsam aus...
Nun stell dir bitte eine Lichtquelle direkt über deinem Kopf vor, die weißes Licht ausstrahlt, reines, transparentes Weiß, vielleicht als leuchtenden Nebel... In diesem Licht zeigen sich viele Qualitäten: die Weisheit des Universums, der Erfindungsreichtum der Natur und die Liebe aller Lebewesen. Der leuchtende Nebel hat die Fähigkeit, dein größtes und wertvollstes Potenzial zu aktivieren.
Lass dieses Licht in dich hereinströmen, durch deinen Kopf in dein Herz. Lass es von dort deinen ganzen Körper erfüllen... Nach und nach verwandelt dich das Licht und sorgt dafür, dass auch du eine Quelle von Wärme und Helligkeit wirst... Das Licht versetzt dich in einen Zustand der Ausgeglichenheit, der Heiterkeit, der Vollkommenheit und der Freude. Bleibe einen Augenblick in diesem wunderbaren Zustand, den wir immer nur kurz genießen können...
Hüte den Nachklang dieses Zustands in dir, und wenn du bereit bist, dann atme ein Mal kurz aus und öffne in deinem eigenen Rhythmus die Augen.

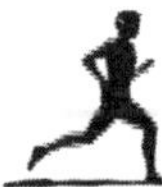

Wachsende Energie

Die folgende Imagination stammt aus Tibet. Sie vereinigt die drei Intelligenzen des Körpers – Kopf, Herz und Bauch. Wir empfinden dabei Ruhe und Kraft. Die Gedanken an Vergangenheit und Zukunft treten weit in den Hintergrund.

Mach es dir auf deinem Stuhl bequem und schließ die Augen. Atme drei Mal langsam aus und gestatte deinem Körper, locker und warm zu werden.
Spüre nun den kleinen Energiepunkt unten in deinem Bauch, kurz unterhalb deines Nabels. Vielleicht möchtest du dir einen leuchtenden Lichtpunkt vorstellen, einen rot schimmernden Wärmepunkt oder einfach einen unsichtbaren Punkt reiner Energie. Entspanne deinen Körper und spüre diesen Energiepunkt tief in dir...
Atme nun langsam durch die Nase ein und lass diesen Energiepunkt mit jedem Atemzug wachsen. Lass locker, atme sanft ein und bemerke, wie der Punkt größer und größer wird. Lass ihn deinen ganzen Bauch anfüllen und atme langsam und tief weiter...
Nun ist dein ganzer Bauch angefüllt; und während du weiter gleichmäßig atmest, spürst du, wie die Energie anfängt, deine Brust zu erfüllen...
Auch Bauch und Brust sind nun mit Energie gefüllt, und die Energie hat den Wunsch, sich weiter auszudehnen und in deinen Nacken und deinen Kopf zu strömen...
Lass nun die Energie frei in deinem Körper zirkulieren, vom Bauch bis unter dein Schädeldach. Entspanne dich und spüre, wie die Energie durch deinen Körper fließt und wie sie aus den vielen Teilen deines Körpers eine Einheit formt... (1 Minute)
Bewege jetzt Finger und Zehen ein wenig und spüre die frische Kraft in Armen und Beinen...
Öffne in deinem eigenen Rhythmus die Augen und fühle dich erfrischt und locker.

Kieselstein

Hier haben die Teilnehmer etwas, woran sie sich festhalten können. Der Kieselstein unterstützt die Vorstellungskraft und lässt uns die Belebung intensiver erleben.
Bitten Sie die Teilnehmer, einen Kieselstein oder polierten Halbedelstein mitzubringen, der ihnen gefällt.

Mach es dir auf deinem Stuhl bequem und atme ein Mal langsam aus...
Nimm diesen Kieselstein in die Hand und betrachte seine Form und Farbe... Spüre seine kühle Härte... Denk einen Augenblick daran, dass dieser Stein auf eine lange Geschichte zurückblickt und dass er über eine gewisse Weisheit und Gelassenheit verfügt, von der du profitieren kannst.
Schließ nun die Augen und versuche, den Kieselstein zusammenzupressen... Stell dir vor, dass der Kieselstein dadurch in deiner Hand heiß wird... Dann wird er Energie abgeben können... Denk jetzt an einen Traum, den du gern verwirklichen oder an ein Ziel, das du erreichen möchtest... Lass dich von dem heißen Stein mit physischer Kraft, geistiger Stärke und emotionaler Zuversicht beschenken. Spüre, wie diese Qualitäten aus dem Stein in deine Hand und in deinen ganzen Organismus übergehen... (1 Minute)
Atme nun ein Mal langsam aus und öffne in deinem eigenen Rhythmus die Augen. Öffne die Hand und betrachte den Kieselstein. Vergiss nicht, ihm kurz zu danken. Bewahre ihn gut auf, damit du ihn bei dir hast, wenn du erneut frischen Schwung brauchst.

Herzenergie

Diese Imagination kann die Teilnehmer lange begleiten und ihnen frische Kraft schenken, wenn sie müde, mutlos oder pessimistisch sind. Bis zu einem gewissen Grade immunisiert diese Vorstellung gegen eine negative Umgebung. Sie hat einen bedeutenden psychologischen Vorteil: Wir reagieren auf Belastungen nicht aggressiv, sondern freundlich.

Mach es dir auf deinem Platz bequem und schließ die Augen. Atme drei Mal langsam aus...
Leg jetzt eine Hand mitten auf deine Brust und konzentriere dich auf eine Person, auf einen Ort, auf eine Melodie, auf eine Erinnerung, die früher einmal dein Herz erwärmt hat. Lass das Gefühl der Begeisterung, der Verehrung und Liebe in dir wach werden...
Wenn du bemerkst, dass irgendwelche Gedanken deine Aufmerksamkeit ablenken, dann lass sie wie Wolken vorbeiziehen. Lass sie sich nicht in deinem Bewusstsein einnisten... Atme ruhig und gleichmäßig...
Beobachte alle Gefühle in deinem Herzen und um dein Herz herum: Wärme, Mitgefühl, Glück, Unruhe, Kribbeln, Kälte, Leichtigkeit, Schwere... Lass die verschiedensten Empfindungen durch dein Herz ziehen und bemerke, wie sich die Energie deines Herzens spontan in deinem Körper ausbreitet und dafür sorgt, dass du dich sicher und neugierig fühlst... Mit der Energie aus deinem Herzen kannst du auch ungewohnte Pfade beschreiten und deiner Umgebung offen und freundlich gegenübertreten...
Und wenn du bereit bist, dann atme ein Mal kurz aus. Öffne in deinem eigenen Rhythmus die Augen und sei wieder hier, erfrischt und wach.

Kapitel 5
STRESSPROPHYLAXE

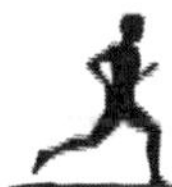

Schweben

Stress entsteht durch eine innere Verhärtung. Wenn wir nicht mehr in der Lage sind, die äußeren Anforderungen mit unseren eigenen Zielen zu vereinbaren, verlieren wir die Balance und erleben Stress. Je dünnhäutiger wir sind, desto größer die Gefahr, dass wir aggressiv reagieren. Viel besser ist es, wenn wir uns eine Situation vorstellen, die durch und durch von Behutsamkeit und Flexibilität gekennzeichnet ist.

Mach es dir bei dieser Übung bitte auf dem Boden bequem, und zwar in Rückenlage. Rück ein wenig hin und her, bis dein Körper seine optimale Lage gefunden hat...

Nun schau auf einen Punkt an der Decke über dir und lass deine Augen sich sanft konzentrieren, bis alles andere aus deinem Blickfeld verschwindet.

Lass deinen Blick immer mehr verschwimmen, bis deine Augen sich von selbst schließen und ausruhen. Lass auch deinen Geist zur Ruhe kommen... Lass Gedanken und Gefühle, die sich vielleicht melden, neugierig vorbeischweben... Sie können sich später, wenn du dich erholt hast, wieder melden.

Und während du so bequem auf dem Boden liegst, kannst du dir vorstellen, dass du dich auf einer Wiese befindest und den Wolken zuschaust, die am Himmel vorüberziehen. Schau ihnen entspannt zu, wie sie träge vorbeischweben, leicht und anmutig...

Finde nun bitte eine Stelle in deinem Körper, die sich angenehm entspannt fühlt...

Stell dir vor, dass dieser Körperteil von einer Wolke aus unendlich vielen freundlichen Lichtpunkten umgeben ist und dass er von dieser warmen, hellen Wolke gehalten wird. Du kannst dir aussuchen, welche Farbe die Lichtpunkte haben sollen. Findest du einen warmen Goldton angenehm oder ziehst du ein reines Weiß, ein intensives Blau oder irgendeine andere Farbe vor?...

Spüre und erlebe nun, wie die Wolke aus Licht wächst und sich ausdehnt, bis dein ganzer Körper vollständig von dieser wunderschönen, warmen Wolke gehalten wird... Spüre ein sanftes Schweben, wenn sich die Wolke langsam nach oben bewegt. Die Wolke errät deine Gefühle: Sie bewegt sich so, dass dies für dich ein ganz außergewöhnliches Erlebnis ist... (2 Minuten)
Und wenn du bereit bist, dann komm jetzt langsam mit deiner Aufmerksamkeit hierher zurück. Lass dich von der Wolke auf dem Boden absetzen und bedanke dich bei ihr. Atme dann ein Mal langsam aus und öffne in deinem eigenen Rhythmus die Augen. Richte dich auf und spüre deine Stimmung – friedlich und wach.

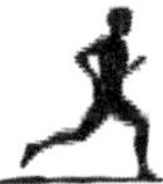

Heilender Sand

Mentaler Stress kann sich im Körper durch Anspannung, Müdigkeit, Schmerz und Bluthochdruck äußern. Mit Hilfe unserer Phantasie können wir diese körperlichen Symptome zum Teil auflösen. Die folgende Imagination eignet sich auch als Prophylaxe, um Stress vor Wettkämpfen zu neutralisieren. Die Teilnehmer sollten dabei liegen können.

Mach es dir auf deinem Platz bequem und atme drei Mal tief aus. Erlaube deinen Augen, sich zu schließen und sorge dafür, dass Körper und Geist zur Ruhe kommen...
Die folgende Imagination kann geistigen und körperlichen Stress lösen. Manche Imaginationen verwenden Licht, andere Wasser, doch diese hier arbeitet mit sauberem, warmem, feinem Sand. Lass diesen Sand so fein sein, dass er sich mit Leichtigkeit in deinem Körper verteilen kann. Du kannst den Sand durch die Schultern hereinfließen lassen, aber du kannst dir natürlich auch eine andere Möglichkeit aussuchen. Lass den Sand sanft und behutsam fließen, bis er deinen ganzen Körper ausfüllt, vom Nacken bis zu deinen Zehenspitzen... Manche Menschen mögen sogar die Vorstellung, dass auch ihr Kopf sich mit Sand füllt...
Achte darauf, welche angenehmen Empfindungen in deinem Körper entstehen, wenn er sich mit dem warmen, feinen Sand füllt. Achte besonders auf die beruhigende Schwere und die angenehme Wärme, die sich entwickeln, wenn sich deine Arme und Beine, dein Rumpf, deine Hände und Füße mit Sand füllen. Beobachte ganz entspannt die Reaktionen deines Körpers. Sonst brauchst du nichts zu tun – spüre nur, wie sich der Sand in dir ausbreitet...
Und nun stell dir vor, dass dieser Sand eine besondere Fähigkeit hat. Er kann nämlich Erschöpfung, Stress, Schmerz und alles, was du loswerden willst, in sich aufsaugen. Lass dir Zeit und gestatte dem Sand, alles Störende aufzunehmen. Bemerke, wie dein Körper

reagiert, während der Sand seine Arbeit tut und deinen Körper von Lasten und Sorgen befreit... (1 Minute)

Gestatte dem Sand nun, deinen Körper wieder zu verlassen und aus Händen und Füßen hinauszufließen. Du kannst dir vorstellen, dass der Sand tief in die Erde hineingesaugt wird, wo die Weisheit der Erde ihn dann reinigt und erneuert.

Wenn du bereit bist, atme ein Mal langsam aus und öffne dann in deinem eigenen Rhythmus die Augen. Schau dich hier um, erleichtert und wach.

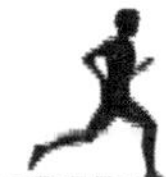

Magischer Ballon

Viele Menschen fühlen sich unter Druck, weil sie Angst vor der Zukunft haben. Sie sind unsicher und pessimistisch, sie zweifeln, ob sie allen Herausforderungen gewachsen sein werden. Andere wiederum fürchten sich vor der Kritik und den Aggressionen ihrer Mitmenschen, vor Wettbewerb und Niederlagen.
Hier entwickeln wir eine Vorstellung, die mentalen Schutz gewähren kann.

Mach es dir auf deinem Platz bequem und schließ die Augen...
Mit Hilfe deiner Phantasie kannst du dir einen mobilen Schutz schaffen, der dich überallhin begleitet. Stell dir einen magischen Ballon vor, der dich vor allem schützt, was du nicht an dich herankommen lassen willst: Gedanken, Worte, Taten und Gefühle, die du lieber auf Abstand halten möchtest. Lass diesen Ballon jedoch mit einer Membran ausgestattet sein, die alles, was positiv und förderlich ist, zu dir gelangen lässt: gute Worte, gute Taten, Gedanken und Gefühle...
Der magische Ballon ist unsichtbar und nur du weißt, in welchem Abstand er deinen Körper umschließt. Du kannst Größe und Abstand des Ballons jederzeit regeln. Der Ballon arbeitet sehr zuverlässig, er kann deine Bedürfnisse, Gefühle und Gedanken lesen.
Lass dir jetzt ein wenig Zeit, um mit dem magischen Ballon zu experimentieren. Lass ihn verschiedene Manöver durchführen, was immer dir einfällt...
Stell dir nun irgendein Ereignis vor, bei dem du dich besonders verletzlich oder schutzlos fühlen würdest und umgib dich dann so mit deinem magischen Ballon, dass du dich sicher fühlst... Lass den Ballon deinen Körper enger oder weiter umschließen, wie es dir angenehm ist...
So hast du eine ganz individuelle Möglichkeit, dich zu schützen. Du kannst im Leben das bekommen, was du dir wünschst und

dabei selbstsicher und entspannt bleiben. Wenn dein Ballon ein treuer Begleiter geworden ist, kannst du dir später überlegen, ob du ihm einen Namen geben willst.

Und wenn du bereit bist, dann atme ein Mal kurz ein. Öffne in deinem Rhythmus die Augen und sei wieder hier, erfrischt und wach.

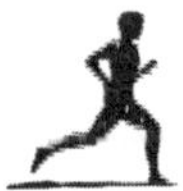

Bergsee

Diese Imagination kann innerhalb einer Minute dafür sorgen, dass unsere Ängste und Befürchtungen zerstreut werden. Diese schnelle Wirkung setzt jedoch voraus, dass das beruhigende Bild regelmäßig aufgerufen wird.

Mach es dir auf deinem Platz bequem und schließ die Augen. Atme drei Mal langsam aus...
Denk nun an eine Situation, in der du häufig Stress erlebst. Das kann eine Situation sein, über die du wenig Kontrolle hast, vielleicht eine Konkurrenzsituation, bei der du Angst hast zu versagen usw. Spüre, welche Reaktionen diese Vorstellung in deinem Körper auslöst. Lege deine Hand auf die betroffene Stelle und zeige so, dass du dich um diese Krise kümmern willst...
Stell dir nun bitte einen idyllischen Bergsee vor, eingerahmt von mächtigen Gipfeln. Sieh die Wasseroberfläche vor dir – sanft und glatt, wie ein Spiegel.
Lass jetzt eine leichte Brise aufkommen und kleine Wellen über das Wasser schicken. Lass die Brise zur Ruhe kommen, sodass die Wasseroberfläche wieder ganz glatt wird. Sieh, wie sich die Berge erneut im Wasser spiegeln...
Diese Imagination kannst du immer wieder aufrufen, wenn du dich über irgendetwas aufregst. Fühle dann die Wellen der Aufregung und lass sie schrittweise zur Ruhe kommen.
Und nun atme ein Mal kurz aus und öffne in deinem eigenen Rhythmus die Augen.

Farbiges Licht

Diese Visualisierung hilft den Teilnehmern, eine Stressreaktion abzuschwächen. Heilendes Licht gehört zu den Mitteln, mit denen wir Überreaktionen stoppen können. Muskeln und Atmung werden beruhigt und das Gehirn kehrt in seinen ausgeglichenen Zustand zurück.

Mach es dir auf deinem Platz bequem und schließ die Augen. Atme drei Mal tief aus...
Denk an irgendeine zurückliegende Situation, in der du starken Stress erlebt und emotional aufgeregt reagiert hast... Lass es eine Situation sein, die über die normalen Belastungen hinausging... wo etwas geschah, was nicht in deinem Interesse war...
Lass die Gefühle noch einmal in dir wach werden und spüre den Stress in deinem Körper. Versuche die Stelle in deinem Körper aufzuspüren, wo du den Stress erlebst und leg deine Hand dorthin...
Jetzt stell dir vor, dass vor dir ein Licht in einer beruhigenden Farbe auftaucht. Lass deine Intuition die richtige Farbe auswählen... Atme nun dieses farbige Licht ein und lass es sich dort verteilen, wo deine Hand liegt, wo du den Stress spürst... (1 Minute)
Und wenn du bereit bist, dann atme ein Mal langsam aus und öffne dann in deinem Rhythmus die Augen. Sei wieder hier, ruhig und selbstsicher.

Mit dieser Visualisierung kannst du dich beruhigen, wenn du Stress und Anspannung erlebst. Sie hilft dir, Muskelanspannungen aufzulösen und spontane Reaktionen zu stoppen, die nicht in deinem Interesse sind... Auf diese Weise kannst du sehr schnell Kontrolle und innere Balance wiedergewinnen...

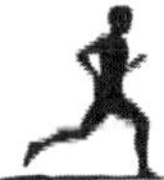

Kummer loslassen

Bei vielen Menschen ist es alter Kummer, der sich hinter ihrem Stress verbirgt. Mancher fühlt sich mit seinem Kummer allein gelassen und wagt nicht, darüber zu sprechen. Darum sind solche Imaginationen besonders wichtig. Wir halten uns hier an die Struktur einer alten buddhistischen Meditation, die die ältesten Heilmittel für menschliche Schwierigkeiten in den Mittelpunkt stellt: Fürsorge und Liebe...

Mach es dir auf deinem Platz bequem und schließ die Augen. Atme drei Mal tief aus...
Wende dich bei dieser Visualisierung nach innen und höre auf deine Gefühle. Mancher Stress, unter dem wir stehen, leitet sich nicht aus der aktuellen Situation ab. Oft sind alter Kummer und alte Schmerzen die Ursache. Alte Verletzungen können eine schwere Last sein. Sie können uns Freude und Lebenslust nehmen und die Entfaltung unseres Potenzials blockieren. Der Versuch lohnt sich, solche Belastungen hinter dir zu lassen:

1. Erinnere dich an eine alte Verletzung, die du schon vor langer Zeit erlitten hast. Vielleicht ist es der Schmerz über eine beendete Liebe, über einen Menschen, von dem du dich betrogen fühlst. Vielleicht ist es auch der Kummer über eine Niederlage.
2. Bemerke einfach, welche Gefühle diese Verletzung in dir hervorruft: Möchtest du dich zurückziehen?... Möchtest du die Arme vor der Brust kreuzen und dein Herz verschließen?... Beurteile deine Gefühle nicht, nimm sie einfach zu Kenntnis...
3. Manchmal verbergen sich hinter einer Verletzung Gefühle von Trauer oder Kummer. Empfinde Mitgefühl für den zarten und empfindsamen Teil deiner Person, der damals verletzt wurde. Spüre, dass es dir schon Erleichterung bringt, wenn du diese Gefühle mit Verständnis betrachtest.

4. Diese positive, verständnisvolle Haltung kannst du auf deine ganze Person und auf dein ganzes Leben ausdehnen. Stell dir vor, du wickelst dich in eine schützende Decke, die aus Fürsorge und Mitgefühl gewebt ist. So eingehüllt kannst du im Stillen Wünsche formulieren, die du vielleicht schon lange gehegt, aber noch nie ausgesprochen hast:

- Ich möchte frei sein von Leid...
- Ich wünsche mir die Stärke, denen zu vergeben, die mich verletzt haben...
- Ich möchte glücklich sein...

Wenn du bereit bist, auch für die empfindlichen Teile deiner Person zu sorgen, dann kannst du den Stress in deinem Leben stark vermindern. Vermutlich geht das nicht von heute auf morgen. Auch das Loslassen von Bürden will geübt sein.

Und wenn du bereit bist, atme ein Mal kurz aus, öffne in deinem Rhythmus die Augen und sei wieder hier, erfrischt und wach.

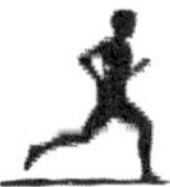

Geballte Faust

Diese Methode eignet sich besonders gut für Menschen, deren Muskulatur stark verspannt ist. Sie hilft auch denjenigen, die zu aufgeregt sind, um sich auf eine nach innen zielende Visualisierung einzulassen. Sie macht es uns möglich, Stress, Angst und Sorgen schnell aufzulösen und erzeugt ein Gefühl der Selbstkontrolle.

Mach es dir auf deinem Platz bequem und schließ die Augen. Atme drei Mal tief aus. Denk an eine Situation, die dir immer wieder aufs Neue Stress bereitet...
Stell dir nun vor, dass dieses unangenehme Gefühl in eine deiner Hände hineinströmt. Balle diese Hand zur Faust und press die Finger kräftig zusammen... Spüre die Anspannung... Drück noch etwas fester zu... und noch etwas fester...
Öffne nun ganz langsam die Faust und lass die unangenehmen Gefühle, Schmerz und Zorn, Mutlosigkeit und Erschöpfung aus deiner geöffneten Hand hinausfließen... Lass sie auf den Fußboden tropfen und darin verschwinden... Lass sie weiter nach unten fließen, tief unter die Fundamente dieses Gebäudes, wo sie in den großen Kreislauf der Natur einbezogen und dort gereinigt werden...
Jetzt spürst du den Unterschied zwischen Spannung und Entspannung. In Zukunft kannst du die Faust immer dann ballen, wenn du eine Stressbelastung als unangenehm empfindest. Mit der geballten Faust übertreibst du das Gefühl und treibst es auf die Spitze. Dann kannst du loslassen und erfreut feststellen, wie stark deine unangenehmen Gefühle abgeflaut sind und wie gut du dich fühlst.

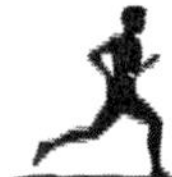

Wenn das Leben schmerzt

Immer mehr Menschen entdecken, dass sie die unvermeidlichen Härten und Enttäuschungen des Lebens leichter verkraften, wenn sie nicht primär an sich selbst denken. Die Anteilnahme am Leben anderer ist die beste Prophylaxe: Das Empfinden, mit anderen verbunden zu sein, löst unseren Stress zuverlässig auf.

Mach es dir auf deinem Platz bequem und schließ die Augen. Atme drei Mal tief aus...
Denk einen Augenblick zurück und erinnere dich an deine Strategien zur Stressbekämpfung. Was hast du im Laufe der Jahre getan, um deine emotionalen, geistigen und physischen Belastungen zu reduzieren?... Wenn du dich weniger von Stress quälen lassen willst, wenn du glücklicher leben willst, dann kannst du eine Meditationsmethode anwenden, die Gefühle der Unruhe in inneren Frieden umwandelt. Wenn du dich vom Leben überrollt, zerrissen, erschöpft und einsam fühlst, dann kannst du auf deinen Vorrat an positiven Gefühlen zurückgreifen. Jeder Mensch verfügt darüber. Sie sind kein Verdienst unseres Charakters, sondern ein Geschenk der Natur: Freundlichkeit, Güte und Mitgefühl können deinen Stress wie durch Zauberkraft auflösen.

1. Denk an jemanden, der dir sehr am Herzen liegt. Das kann deine Partnerin/dein Partner sein, ein Kind, dein Vater oder deine Mutter. Genieße einen Augenblick die warmen und zärtlichen Gefühle, die du für diesen Menschen hast. Wenn du willst, leg eine Hand auf die Stelle deines Körpers, wo du deine Zärtlichkeit spürst.
2. Nun sprich mir gleich im Stillen die folgenden Sätze nach und sieh dabei ein Bild dieses geliebten Menschen vor dir:

- Ich wünsche dir Freiheit von Furcht...
- Ich wünsche dir Mut...
- Ich wünsche dir Erfolg...

- Ich wünsche dir, dass du liebevoll bist...

3. Und nun wende dich bitte dir selbst zu mit denselben Wünschen und mit denselben freundlichen Gefühlen:

- Ich möchte frei sein von Furcht...
- Ich wünsche mir Mut...
- Ich wünsche mir Erfolg...
- Ich wünsche mir, dass ich liebevoll bin...

4. Spüre, wie diese positiven Worte und Gefühle dich erwärmen. Sprich diese Wünsche immer dann aus, wenn du das Gefühl hast, im Strudel der Alltagsbelastungen unterzugehen. Wie durch ein Wunder wirst du dann Ruhe und Frieden finden, weil du dich auf die natürliche Wärme und Güte deines Herzens eingestellt hast.
5. Und wenn du bereit bist, dann atme ein Mal langsam aus... Öffne in deinem eigenen Rhythmus die Augen und sei wieder hier, erfrischt und optimistisch.

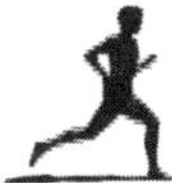

Positive Gefühle gegen Stress

Leistungsdruck, Konkurrenzangst, Versagensängste – man könnte die Liste der Belastungen, die der Sport mit sich bringt, mühelos verlängern. Um hier Erleichterung zu schaffen, sind vorbeugende Maßnahmen notwendig. Sie können eine dauerhafte Reduzierung der Stressempfindlichkeit bewirken.
Die folgende Übung muss eine Zeit lang regelmäßig praktiziert werden, um zu optimalen Ergebnissen zu führen.

Mach es dir auf deinem Platz bequem und schließ die Augen. Halte deinen Rücken ganz gerade und atme drei Mal langsam aus...
Wie reagierst du, wenn Teamkollegen oder Konkurrenten einen sportlichen Erfolg feiern, wenn sie dir vorgezogen werden, wenn sie geehrt, wenn sie vom Publikum geliebt werden? Hast du dann Gefühle von Unbehagen, Neid, Eifersucht? Wie wirken sich diese negativen Emotionen auf dein Lebensgefühl aus?
Wenn du dich immunisieren möchtest gegen den Stress, der durch Rivalität entsteht, dann gibt es eine sehr wirksame Methode. Sie hilft uns, Gefühle von Unsicherheit und Einsamkeit sowie leichte Depressionen aufzulösen.

1. Lass dir bitte jemanden einfallen, einen sportlichen Teamkollegen oder Konkurrenten, der kürzlich einen besonderen Erfolg hatte.
2. Stell dir vor, dass du auf diese Person zugehst und ihr aufrichtig gratulierst: «Ich freue mich mit dir... Ich wünsche dir weiterhin viel Erfolg.»
   Drück in deinen eigenen Worten aus, dass du dich mit ihr/ihm freust, dass du ihr/sein Glück teilst.
3. Und nun verabschiede dich bitte von dieser Person, atme ein Mal kurz aus und öffne in deinem eigenen Rhythmus die Augen. Sei wieder hier, erfrischt und optimistisch.

Natura sanat

Die Natur kann eine wichtige Rolle spielen, wenn es um unsere Gesundheit und um ein positives Lebensgefühl geht. Die Voraussetzung dafür ist allerdings, dass wir die Natur bewusst erleben und dass wir emotional auf sie reagieren. Wir müssen unser Tempo reduzieren, um unsere Gefühle spüren zu können.
Die folgende Phantasiereise arbeitet mit einem langsamen Rhythmus und wendet sich an alle Sinne der Teilnehmer. Sie hilft ihnen, positive Veränderungen in ihrer Lebenseinstellung zu erwägen.

Mach es dir auf deinem Platz bequem und schließ die Augen. Atme drei Mal langsam aus...
Nun stell dir vor, dass du ganz allein in einem Segelboot bist, das auf einem Binnensee treibt. Ringsherum siehst du Berge, bedeckt mit Wäldern und Almwiesen, die Spitzen weiß gekrönt von Schnee...
Du genießt die frische Luft und den Duft der Bergwelt. Der sanfte Wind treibt das Boot voran, das mit gurgelnden Tönen das Wasser des Sees teilt...
Allein mit deinen Gedanken, allein mit den Stimmen der Natur, ohne Verpflichtungen und Termine – das ist ein Zustand, in dem du vollständig zur Ruhe kommst...
Du fühlst die Wärme der Sonne auf deiner Haut, du machst es dir auf einem Kissen am Boden des Schiffes bequem und blickst hinauf in den blauen Himmel... Du folgst den Wolken mit deinen Blicken...
Ab und zu hörst du die Stimmen von Anglern am Ufer oder die Glocken von Kirchen. Die Welt erscheint dir vollkommen friedlich. Du atmest ruhig und gleichmäßig, und auch deine Gedanken bewegen sich träge in ungewohnten Bahnen. Jetzt hast du Zeit, über die Dinge nachzudenken, die dir Stress bereitet haben. Dir fällt auf, dass du auf Belastungen mit Aggressionen reagiert hast. Du

nimmst dir vor, eine Pause einzulegen, wenn du bemerkst, dass du zu schnell und zu heftig reagierst. Du erlebst hier, wie ein langsames Tempo zu Besonnenheit, Sicherheit und Kontrolle führt.

Dir wird klar, dass du die Wahl hast: Wenn du von etwas Unangenehmem überrascht wirst, kannst du überstürzt oder besonnen reagieren.

Die Ruhe stärkt deine Zuversicht. Die Wärme der Sonne und die leisen Stimmen der Natur, der Duft des Wassers und Waldes, all das trägt zu deinem Frieden bei... Aus dem Abstand des Seglers, der gewohnt ist, in die Ferne zu schauen, erscheinen dir jetzt viele Ereignisse, Krisen und Aufgeregtheiten bedeutungslos. Deine Stärke kommt von innen, aus der Übereinstimmung mit deinen Gefühlen. Du hast das Gefühl, in Ruhe vernünftige Entscheidungen treffen zu können...

Und während ein sanfter Wind das Boot über den See treibt, empfindest du Dankbarkeit für das Schiff und für die Menschen, die es gebaut haben. Ihre Erfindungsgabe, ihre Geschicklichkeit und Geduld haben dieses geniale Fahrzeug geschaffen, das dir jetzt so gute Dienste leistet und dir so wichtige Einsichten ermöglicht. In diesem Augenblick wird dir bewusst, dass es viele Dinge in deinem Leben gibt, die du nicht als Selbstverständlichkeit betrachten solltest, sondern als ein Geschenk des Lebens.

Du fasst den Entschluss, jedes Mal zu diesem Bergsee zurückzukehren, wenn du eine Auffrischung brauchst für Besonnenheit und Zuversicht.

Und wenn du bereit bist, verabschiede dich von dieser Szenerie und kehre hierher zurück. Atme ein Mal langsam aus und öffne in deinem eigenen Rhythmus die Augen, erfrischt und hoffnungsvoll.

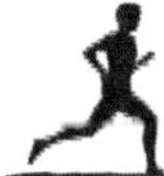

Stress als Herausforderung

Veränderungen und Überraschungen sind aus unserem Leben nicht wegzudenken. Sie erschüttern uns und rütteln uns wach. Sie regen uns an, zu lernen und erfinderisch zu werden. Wenn wir jedoch das Gefühl haben, den Herausforderungen nicht gewachsen zu sein, wenn wir Angst oder sogar Panik erleben, dann wird aus positiver Erregung toxischer Stress.
Wir sollten also üben, die Schwelle unserer Empfindlichkeit etwas anzuheben, um nicht so schnell die innere Balance zu verlieren.
Die folgende Imagination führt die Teilnehmer durch eine Kette von zwölf kleinen Abenteuern. Sie sollen zügig, eins nach dem anderen, durchlebt werden. Das Unbewusste kann sich später ausführlicher damit beschäftigen. Diese beschleunigte Heldenreise kann uns stärken und unsere Bereitschaft zur Improvisation erneuern. Vieles im Leben lässt sich nicht vorhersehen. Wie im Improvisationstheater kommt es manchmal darauf an, schnell zu reagieren und – was das Wichtigste ist – Mut zu zeigen und standzuhalten.

Mach es dir auf deinem Platz bequem und schließ die Augen. Atme drei Mal langsam aus, um dich zu entspannen...
Ich werde dich durch eine Serie von zwölf Abenteuern führen, auf die du dich nicht vorbereiten kannst. Gefordert sind: Improvisationsvermögen, Mut und die Bereitschaft, auch Fehler zu machen. Diese Abenteuer haben eine Nachwirkung, an der vor allem das Unbewusste beteiligt ist. Lass dich überraschen.

1. Stell dir vor, dass du einem Riesen gegenüberstehst. Er ist gewaltig groß und hungrig. Du gibst ihm zu essen. Öffne danach die Augen... (15 Sekunden)
2. Schließ die Augen und atme ein Mal langsam aus... Sei in einem alten Spukschloss und begrüße die Geister. Wenn dir das gelungen ist, öffne die Augen... (15 Sekunden)

3. Schließ die Augen wieder und atme ein Mal langsam aus... Begegne zwei feindseligen Wesen – Tieren, Menschen oder menschenähnlichen Geschöpfen. Schließe Freundschaft mit ihnen und öffne dann wieder die Augen... (15 Sekunden)
4. Schließ die Augen und atme zwei Mal langsam aus... Stell dir vor, dass du auf den Rücken eines flüchtenden Drachen springst. Finde einen gemeinsamen Rhythmus mit dem Untier. Wenn du das geschafft hast, öffne die Augen... (15 Sekunden)
5. Schließ die Augen, atme ein Mal langsam aus... Steh am Eingang einer Höhle und rufe die Bewohner heraus. Halte ein Geschenk für sie bereit. Wenn du das getan hast, öffne die Augen... (15 Sekunden)
6. Schließ die Augen, atme zwei Mal langsam aus... Sei in einer unterirdischen Totenstadt. Begegne einer unsterblichen Seele. Wenn du das getan hast, dann öffne die Augen... (15 Sekunden)
7. Schließ die Augen und atme ein Mal langsam aus... Führe ein seltenes Tier tief in den Dschungel. Wenn dir das gelungen ist, öffne die Augen... (15 Sekunden)
8. Schließ die Augen und atme ein Mal langsam aus... Unterhalte dich mit einem Unbekannten... Wisse, wann du sprechen sollst und wann es gut ist zu schweigen. Wenn dir das gelungen ist, öffne die Augen... (15 Sekunden)
9. Schließ die Augen, atme ein Mal langsam aus... Begegne auf der Straße einem Menschen, dem du noch nicht vergeben hast. Erkläre ihm, dass du darüber nachdenkst. Wenn dir das gelungen ist, öffne die Augen... (15 Sekunden)
10. Schließ die Augen und atme ein Mal langsam aus... Sei am Strand und triff einen Menschen, dem du Unrecht getan hast. Bitte ihn um Verzeihung. Wenn dir das gelungen ist, öffne die Augen... (15 Sekunden)
11. Schließ die Augen, atme ein Mal langsam aus... Sei in einem Fahrstuhl und fahre fünfzig Stockwerke nach unten. Öffne die Tür und erlebe eine freudige Überraschung... Wenn dir das gelungen ist, öffne die Augen... (15 Sekunden)
12. Schließ die Augen und atme ein Mal langsam aus... Tritt zu einem sportlichen Wettkampf an und wünsche dir selbst und deinen Konkurrenten Glück und Schutz vor Unfällen... Wenn dir das gelungen ist, öffne die Augen... (15 Sekunden)

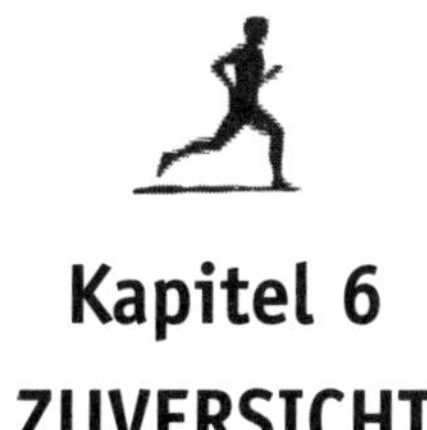

Kapitel 6
ZUVERSICHT

Zuflucht in der Natur

In Zeiten besonderer Belastung ist die Vorstellung eines Zufluchtsorts tröstlich. Wenn wir uns in der Phantasie an einen solchen Ort zurückziehen, fühlen wir uns entlastet: Der Druck lässt nach und an die Stelle der negative Gefühle können positive treten. Wenn wir uns nach einer Enttäuschung, einer Niederlage oder nach einer starken Kritik verletzt und unsicher fühlen, können wir auf diese Weise neue Stärke gewinnen. So vermeiden wir impulsive Reaktionen und eine Eskalation des Negativen.

Mach es dir auf deinem Platz bequem und schließ die Augen. Atme drei Mal tief aus... Du kannst dir gleich eine heilende Pause gönnen, eine Auszeit, die sich wie ein Kurzurlaub anfühlt.
Geh in deiner Phantasie an einen angenehmen und sicheren Ort, wo es warm ist, wo du dich wohlfühlst, wo du willkommen bist. Es soll ein Ort sein, wo du vollkommenen Frieden empfindest. Du kannst jederzeit dorthin gehen, auch jetzt. Vielleicht soll das ein Ort sein, wo du schon einmal gewesen bist oder von dem du immer schon geträumt hast. Du kannst dir diesen Ort in der Natur aber auch jetzt in deiner Phantasie erschaffen. Dort soll eine wunderschöne, beruhigende Atmosphäre herrschen, in der du Zuflucht finden kannst...
Mach dich nun auf den Weg zu diesem Zufluchtsort und schau dich dort um... Was ist hier zu sehen?... Welche Farben, welche Formen prägen das Bild?... Wie ist die Beleuchtung?... Wie riecht die Luft?... Was kannst du hören?... Lass es einen Ort sein, der allen deinen Sinnen guttut. Wenn du willst, kannst du dort ganz allein sein. Niemand außer dir hat dort Zugang, es sei denn, du wünschst dir die Person ausdrücklich herbei. Du kannst dort ganz frei experimentieren. Und wenn du willst, kannst du ruhen und träumen; wenn du willst, kannst du über Themen nachdenken, die du sonst ausblendest; wenn du willst, kannst du über deine Zukunft nach-

denken, darüber, wo du in zwei, drei oder fünf Jahren sein willst; wenn du willst, kannst du deine sportliche Entwicklung betrachten und eine Bilanz ziehen...

Hier kannst du alles machen, und wenn du das Gefühl hast, dass du dich regeneriert hast, dann merkst du dir einfach diesen Ort und kehrst in den Alltag zurück. Du weißt, dass du jederzeit hierher zurückkehren kannst.

Wenn du bereit bist, dann atme jetzt ein Mal kurz aus, öffne in deinem eigenen Rhythmus die Augen. Sei wieder hier, wach und gestärkt.

Geheimes Zimmer

Diese Imagination bietet eine Alternative zu der Naturszene der letzten Übung. Einige Teilnehmer ziehen spontan die eine oder die andere Version vor. Beide sind geeignet, um damit auf Schwankungen im Lebensgefühl zu reagieren.

Mach es dir auf deinem Stuhl bequem und schließ die Augen. Atme drei Mal langsam aus...

Benutze diesmal die Kraft deiner Imagination für folgendes Bild: Du bist in einem großen Haus, gehst einen Flur entlang und kommst zu einer Tür mit einem goldenen Türknopf. Bist du bereit dir vorzustellen, dass du deine Hand auf den Türknopf legst und ihn langsam, ganz langsam drehst, um die Tür zu öffnen?... Wenn du neugierig genug bist, wirst du die Tür öffnen und feststellen, dass du jetzt in einen ganz besonderen Raum blickst. Es ist ein Ruheraum für gestresste Menschen, und in diesem Falle bist du der Einzige, der ihn betreten darf. Du kannst dich darin umsehen und dich an der Dekoration freuen. Es ist alles nach deinem Geschmack eingerichtet, doch du kannst auch Veränderungen vornehmen, bis der Raum vollständig deinen Bedürfnissen entspricht. Du entscheidest, welche Möbel darin stehen, welche Farben die Wände haben sollen und welcher Art der Fußboden sein soll...

Was fesselt deine Aufmerksamkeit?... Willst du dich setzen? Willst du dich auf eine Couch legen, um dich auszuruhen?... Vielleicht machst du dir auch Gedanken darüber, was du sehen willst, wenn du durch die Fenster nach draußen blickst. Möchtest du einen Kamin? Wünschst du dir ein Bücherregal?...

Dies soll ein Rückzugsraum sein, wo du deine Gedanken ordnen kannst, wo du alle deine Gefühle zulassen darfst, wo dir deine wahren Wünsche bewusst werden. Hier kannst du lernen, Selbstvertrauen zu entwickeln, ruhiger zu urteilen, weniger leicht aufzubrausen...

Vielleicht denkst du über Veränderungen in deinem Privatleben oder in deiner sportlichen Karriere nach...
Lass dir nun von einem tieferen Teil deines Bewusstseins ein Wort oder ein symbolisches Bild schicken, das dich in Zukunft an diesen besonderen Raum erinnern wird. Du kannst dann leichter hierher zurückkehren, und die positive Erinnerung wird für eine schnelle Beruhigung deiner Nerven sorgen. Sag dann nur das Wort oder sieh das Symbol vor dir, und schon wirst du in deinem geheimen Zimmer sein...
Wenn du bereit bist, dann sag diesem Raum jetzt Adieu und atme ein Mal kurz aus. Öffne in deinem Rhythmus die Augen. Sei wieder hier, erfrischt und wach.

Ort des Friedens

Die folgende Imagination bietet eine wirksame Möglichkeit, Angst und Unsicherheit beiseite zu lassen. Sie benötigt etwa zwei Minuten und prägt sich leicht dem Gedächtnis ein.

Mach es dir auf deinem Stuhl bequem und schließ die Augen. Atme drei Mal langsam aus...
Stell dir bitte vor, dass du irgendwo in der Natur bist, weit weg von jeder Zivilisation, in der Wildnis, vielleicht hoch in den Bergen, vielleicht am Strand eines Ozeans, vielleicht am Rand der Wüste... Sieh, wie du einem kleinen Weg folgst... Bemerke, wie der Himmel über dir aussieht, wie die Luft riecht, wie sich der Boden unter deinen Füßen anfühlt... Mit jedem Schritt, den du tiefer und tiefer hineingehst in die unberührte Natur, fühlst du dich entspannter und belebter...
Vor dir siehst du jetzt eine kleine Hütte... Sie ist allein für dich da. Geh näher heran... Wie sieht sie aus und woraus ist sie gebaut?... Geh hinein. Richte dir die Hütte nach deinen Vorstellungen ein. Wenn du es gern hell hast, dann gib ihr genügend Fenster, die den schönen Blick nach draußen freigeben. Mach es dir auf einem Stuhl oder Bett bequem und genieße die Stille... Dies ist dein geheimer Platz, an den außer dir niemand kommt, es sei denn, du lädtst ihn ein...
Hier bist du ganz sicher. Hier kommst du dazu, all das zu tun, wozu du sonst zu wenig Zeit hast. Du kannst deinen Gefühlen nachgehen, deine Wünsche prüfen, deine Pläne durchdenken, aber du kannst hier auch träumen und dich von deinen Vorbildern oder Schutzengeln besuchen lassen...
Und wenn du bereit bist, dann verabschiede dich jetzt von dieser Hütte. Atme ein Mal langsam aus und öffne in deinem Rhythmus die Augen. Sei wieder hier, erfrischt und wach.

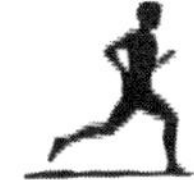

Sicherheit

Wer häufig in der Öffentlichkeit steht, braucht Rückzugsräume, die ihm das Gefühl von Geborgenheit und Sicherheit geben. Um uns regenerieren zu können, brauchen wir das Gefühl der Sicherheit. Chronische Wachsamkeit führt zur Erschöpfung. Doch manchmal sind uns die gewohnten Rückzugsmöglichkeiten verschlossen und wir müssen schnell etwas für uns tun. In solchen Notsituationen ist diese Kurzmeditation eine große Hilfe.

Mach es dir auf deinem Stuhl bequem und schließ die Augen. Atme drei Mal langsam aus...
Nun stell dir vor, dass du ein Foto von dir in den Händen hältst, das dich als Baby oder als Kleinkind zeigt. Erinnere dich an das Temperament dieses kleinen Wesens, an seine Vorlieben, an seine Empfindlichkeiten. Erinnere dich daran, wer damals für das Kind gesorgt hat, wer es getröstet oder ihm ein Schlaflied vorgesungen hat, wer mit ihm gespielt und gesprochen hat...
Sprich nun direkt zu diesem Kind, um es zu beruhigen, um ihm das Gefühl der Sicherheit zu schenken. Leg all deine Zärtlichkeit, deine Feinfühligkeit, deine Weisheit in die folgenden Sätze:

- Ich wünsche dir, dass dir kein Leid geschieht.
- Ich wünsche dir, dass du dich geborgen fühlen kannst.
- Ich wünsche dir Glück.
- Ich wünsche dir schöne Träume und eine gute Zukunft.

Füge eigene Formulierungen und Wünsche hinzu, die zu dem Kind passen... (1 Minute)
Präge dir die Situation gut ein. Merke dir die unterschiedlichen Gefühle, die du damit wachrufen kannst, für den Fall, dass du diese kurze Meditation später wiederholen willst.
Und wenn du bereit bist, dann atme jetzt ein Mal kurz aus. Öffne in deinem eigenen Tempo die Augen und sei wieder hier, erfrischt und wach.

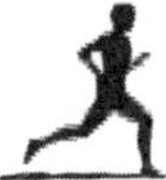

Mentale Unterstützung

Niemand ist so selbstsicher und furchtlos, dass er auf mentale Unterstützung verzichten könnte. Dafür bieten sich in erster Linie höhere Mächte an, das Schicksal, frühere Lehrer, weise Menschen aus der Familie usw.
Wenn Fans und Journalisten einem Sportler plötzlich ihre Gunst entziehen, so kann das schwere Erschütterungen auslösen. Deshalb halten wir uns in dieser Imagination an mentale Gestalten, deren Gunst keinen Schwankungen unterworfen ist.

Mach es dir auf deinem Platz bequem und schließ die Augen. Halte deinen Rücken ganz gerade, damit du viel Raum zum Atmen hast. Atme drei Mal langsam aus und berühre dann drei Mal deine Lippen. Betrachte das als Signal an deine Intuition, dass sie dir in den nächsten Minuten ein Höchstmaß an Sensibilität zur Verfügung stellen soll...
Vielleicht bemerkst du plötzlich ein Kribbeln in der Luft um dich herum, wie es manchmal vor Gewittern auftritt... Die elektrische Energie löst auf deiner Haut kleine Vibrationen aus... Vielleicht hast du auch das Gefühl, von einer magischen Luftblase umgeben zu sein, in der eine geheimnisvolle Energie umherschwirrt... kleine Energiewellen, die Funken sprühen und tanzen, die Licht in verschiedenen Farben aussenden... Lass diese Energieblase mit jedem Atemzug dichter werden... eine Hülle, die dir Schutz gibt und Sicherheit... die vielleicht im selben Rhythmus pulsiert wie dein Herz und die dich von allem abschirmt, was du nicht brauchst oder wünschst...
Atme nun noch einmal langsam aus und berühre ein Mal deine Lippen, um zu spüren, dass diese Energiewolke all die Liebe und Fürsorge enthält, die jemals für dich empfunden wurde. Wie ein Magnet hat die Energiewolke alle Liebe und Fürsorge an sich gezogen, die dir jemals entgegengebracht wurde: jeder gute Wunsch,

jeder Akt der Fürsorge, jedes Lächeln, jede Geste des Respekts, der Dankbarkeit und der Zustimmung. All das ist in dieser Energiewolke um dich herum enthalten und erzeugt ein mächtiges Kraftfeld der Liebe und des Schutzes...

Und vielleicht hast du so feine Antennen, dass du jetzt sogar die Präsenz der Menschen spürst, die dich geliebt und als Kind beschützt haben... Vielleicht auch die Präsenz von jenen, die dich jetzt lieben, die gern in deiner Nähe sind und deren Nähe für dich etwas Heilsames und Tröstliches hat. Vielleicht erkennst du blitzartig das eine oder andere Gesicht, vielleicht erkennst du einen vertrauten Duft, ein Parfum aus lang vergangener Zeit, vielleicht hörst du ganz leise den Klang einer geliebten Stimme, vielleicht spürst du den zarten Druck einer Hand auf deiner Schulter oder von Fingerspitzen, die dir über das Haar streichen...

Atme noch einmal tief aus und berühre noch einmal deine Lippen... Sie alle sind gekommen... Es sind Menschen aus deinem Leben, vielleicht noch in der Blüte ihrer Jahre oder schon längst begraben, vielleicht ist sogar ein geliebtes Tier dabei, ein weit entferntes Familienmitglied, ein Schutzengel oder ein spiritueller Helfer und Heiler. Sie alle sind bereit, dir beizustehen, dir Mut zu machen, dir Kraft zu geben und Autorität. Vielleicht sind sogar einige gekommen, die du gar nicht kennst. Anhänger und Fans, die dich schätzen. Wichtig ist, dass du ihr Wohlwollen spürst, ihre Unterstützung... viele verschiedene, positive Gefühle... Atme all diese Zuneigung ein und gib ihr einen Platz in deinem Herzen. Spüre, wie dein Herz immer wärmer wird und wie es all diese Wärme in deinem Körper verteilt, damit du dich von Kopf bis Fuß sicher und unterstützt fühlen kannst...

Bemerke, wie sich eine ruhige Kraft in dir ausbreitet, die dich widerstandsfähig macht, unerschütterlich und friedlich. Jetzt wirst du auch großen Herausforderungen gewachsen sein, du kannst weiter lernen und die Anregungen des Lebens und der Menschen aufnehmen...

Die Erinnerung an diese einzigartige Begegnung wird dir bleiben. Sie bedeutet einen ganz neuen Schritt in deinem Leben.

Und wenn du bereit bist, dann atme ein Mal langsam aus... Öffne in deinem eigenen Rhythmus die Augen und sei wieder hier, erfrischt und gelassen.

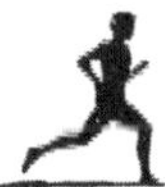

Optimismus

Die Mutter aktiven Handelns ist der Optimismus. Ohne diese Haltung bringt niemand die innere Stärke auf, Risiken einzugehen, Erfindungen zu machen, Verantwortung zu übernehmen oder schwierige Probleme zu lösen. Optimismus bedeutet gleichzeitig, dass wir das geheimnisvolle Wirken des Lebens akzeptieren. Wir sind nicht so naiv zu glauben, dass wir dauerhaft ein Liebling des Schicksals sein können. Wenn wir heute einen Triumph feiern, können wir schon morgen von einer Tragödie getroffen werden. Aber Optimismus bedeutet auch, darauf zu vertrauen, dass sich der Nebel lichten wird, dass bald wieder günstige Winde wehen und uns zu neuen Ufern bringen werden.

Mach es dir auf deinem Platz bequem und schließ die Augen. Atme drei Mal langsam aus... Gestatte deinem Geist und deinem Körper, von Augenblick zu Augenblick ruhiger zu werden. Bemerke den festen Boden unter dir... Spüre deinen Körper von Kopf bis Fuß und spüre die Stärke deiner Muskeln und Knochen...

Nun atme noch einmal langsam aus und stell dir vor, dass du von einer Wolke aus weißem Nebel umgeben bist. Ganz undeutlich kannst du in dem Nebel verschiedene Farbspuren entdecken, die ein buntes Durcheinander bilden. Vielleicht fühlst du dich sogar ein wenig verwirrt, weil du nichts klar erkennen kannst...

Doch dann entdeckst du ein helles, klares Licht, das durch den dicken Nebel scheint. Jetzt weißt du, dass du Geduld brauchst. Wenn du abwartest, wird du etwas sehen, was deine Situation verändert. In einer solchen Lage ist es am besten, wenn wir darauf bauen, dass das Schicksal etwas Positives für uns bereithält. Darum hast du auch nicht das Bedürfnis, die Wolke gewaltsam zur Seite zu schieben. Du schaust zu, wie sie sich ganz von selbst, Zentimeter um Zentimeter öffnet. Und vielleicht denkst du an Kindertage zurück, wo du gespannt verfolgtest, wie der Vorhang im Theater sich hob...

Konzentriere deine Aufmerksamkeit geduldig auf das Licht, im Vertrauen darauf, dass sich dir irgendetwas Hilfreiches und Angenehmes zeigen wird, sozusagen ein Geschenk des Himmels...
Niemand weiß, ob du dieses Geschenk auf der Stelle und vollständig sehen wirst oder erst später. Doch es ist absolut sicher, dass du dieses Geschenk bekommen wirst, wenn du dafür bereit bist... (30 Sekunden)
Atme nun kurz aus und öffne in deinem eigenen Rhythmus die Augen. Sei wieder hier, erfrischt und neugierig.

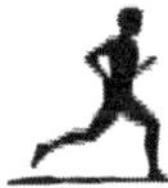

Zauberkugel

Die «Zauberkugel» ist eine Imagination mit lang anhaltender Wirkung. Wir benutzen unsere positive Energie und unsere positiven Erfahrungen, um einen Vorrat für schwierige Zeiten anzulegen, in denen wir besondere Unterstützung brauchen.
Für diese Übung benötigt jeder Teilnehmer eine kleine Glasmurmel, je schöner, desto besser. Sie darf nicht zu groß sein, damit sie überallhin mitgenommen werden kann. Psychologisch ist es am besten, wenn sich jeder diese Glaskugel selbst kauft. Die Kugel sollte nicht mehr als zwei Zentimeter Durchmesser haben.

Mach es dir auf deinem Platz bequem und schließ die Augen. Atme drei Mal langsam aus...
Nimm nun deine Glaskugel zur Hand und rolle sie zwischen beiden Händen hin und her. Sie soll in der nächsten Zeit dein Talisman sein...
Diese Zauberkugel soll dich in der nächsten Zeit überallhin begleiten. Und von heute an sollst du Folgendes tun: Immer wenn du in deinem Leben eine positive Erfahrung machst, nimm die Kugel in eine Hand, ob in die rechte oder linke spielt keine Rolle, und presse sie dann, so stark du kannst. Stell dir dabei vor, dass sich die Kugel mit positiver Energie füllt. Wenn du willst, kannst du dieser positiven Energie auch eine passende Farbe geben...
Doch zunächst wollen wir die Kugel präparieren und ein Startguthaben an Energie darin anlegen. Erinnere dich an eine positive Erfahrung aus der letzten Woche: Vielleicht war das ein guter Gedanke, ein sportlicher Erfolg oder ein Kompliment, das jemand dir gemacht hat. Wichtig ist, dass es ein positives Gefühl in dir ausgelöst hat... (15 Sekunden)
Und nun presse die Kugel mit aller Kraft und lass die positive Energie aus deiner Erinnerung in die Kugel fließen...
Nun atme noch ein Mal langsam aus und erinnere dich an ein

positives Erlebnis aus dem letzten Monat... Vielleicht hast du selbst irgendjemandem einen Gefallen getan. Vielleicht hast du von einer guten Idee gehört. Vielleicht klappte die Kooperation in deiner Mannschaft besonders gut, oder es gab Anlass zum Lachen... Wenn du dieses positive Erlebnis in deinem Gedächtnis gefunden hast, dann übertrage es auf die Glaskugel und presse diese wieder mit aller Kraft zusammen... (15 Sekunden)

Nun will ich dir erklären, wie es weitergeht: Du sollst diese Kugel eine Woche lang positiv aufladen, und je häufiger du das tust, desto besser ist es.

Nach einer Woche kannst du die Zauberkugel dann benutzen, um daraus Energie zu tanken. Wenn du Stärke brauchst, wenn du dich unsicher fühlst, wenn du mehr Zuversicht empfinden möchtest, dann nimm die Kugel zur Hand und presse sie kräftig. So wird etwas von der gespeicherten Energie auf dich übergehen. Eine Woche lang kannst du diesen Vorrat positiver Energie anzapfen, dann muss der Energievorrat wieder aufgefüllt werden.

Benutze die Kugel jeweils für eine Woche – um Energie zu speichern und um Energie zu beziehen. Dieser Rhythmus hat etwas Beruhigendes und er gibt dir Zuversicht.

Wenn du bereit bist, dann atme jetzt ein Mal kurz ein und öffne in deinem eigenen Rhythmus die Augen.

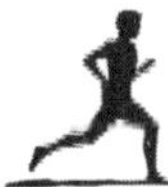

Selbstachtung

Hier wenden wir uns an den erwachsenen Teil in unseren Teilnehmern und konfrontieren ihn mit Überlegungen und Einsichten, die geeignet sind, selbstständiges und besonnenes Denken und Handeln zu unterstützen. Viele unserer Schwierigkeiten beruhen auf falschen Überzeugungen und Hypothesen, die uns tagtäglich direkt oder indirekt vermittelt werden, die sich bei näherem Hinsehen aber als gefährlich erweisen. Zu diesen toxischen Gedanken gehören, gerade auch im Bereich des Sports, Sätze wie: «Wenn ich nur will, dann ist mir alles möglich», «Fehler müssen um jeden Preis vermieden werden», «Zorn kann eine gute Motivation sein», «Ich sollte meine Konkurrenten als Feinde betrachten» usw. Solche Empfehlungen machen das Leben von Athleten nicht leichter, sondern schwerer. Sie verunsichern, tragen zum Gefühl der Isolation und Hilflosigkeit bei. Hier wollen wir versuchen, hilfreiche Grundsätze zu vermitteln.

Mach es dir auf deinem Platz bequem und schließ die Augen. Atme drei Mal langsam aus...

Stell dir vor, dass du ein T-Shirt trägst, auf dem steht: «Ich bin einmalig.» Auch ohne dieses T-Shirt gilt dieser Satz seit deiner Geburt. Heute wirst du dir jeden Tag stärker bewusst, über welche Charakterstärken und sportlichen Qualitäten du verfügst. Als Erwachsener bemühst du dich vor allem, auf dein eigenes Urteil zu bauen, auf Werte und Meinungen, die du akzeptieren kannst... Während du Entscheidungen früher vielleicht gern aufgeschoben hast, triffst du sie heute leichter, weil du dir selbst und deiner Urteilskraft vertraust...

Du weißt, wozu du fähig bist, und in vielen Situationen kannst du deine Fähigkeiten zutreffend einschätzen... Viele respektieren dich, sie mögen oder lieben dich sogar. Zum Glück ist es heute nicht mehr so wichtig für dich, darüber zu grübeln, was andere von dir denken. Wichtig ist, dass du dich selbst respektieren kannst. Du weißt, dass du es nicht allen recht machen kannst, und du hast gelernt, dass du dann am erfolgreichsten bist, wenn du auf dein eigenes Urteil baust und auf das Urteil der Menschen, die dir nahe stehen, die dich lieben und über eine gewisse Weisheit verfügen. Das alles trägt dazu bei, dass du heute mehr Zuversicht hast als früher, und alle, die glauben, dass sie dich leicht manipulieren oder ausnutzen können, sind im Irrtum.

Je mehr du deinem eigenen Urteil vertraust, desto besser kannst du nach deinen Vorstellungen leben. Du weißt, wie wichtig dir deine Familie und deine Freunde sind. Dir ist bewusst, dass sich deine Gefühle und Gedanken verändern und dass du reifer und weiser wirst. Einige Veränderungen hast du bereits vollzogen, andere wirst du in Zukunft erleben. Dein Unbewusstes wird dafür sorgen, dass deine Entwicklung nicht stagniert. Du wirst Ideen und Einschätzungen entwickeln, die zu deinem Besten sind und die dazu beitragen, dass du ein Leben im Gleichgewicht führen kannst.

Vielleicht gehört zu diesen Veränderungen auch ein größeres Verständnis für deine eigene Verletzlichkeit. Mehr und mehr bist du in der Lage, dein eigener bester Freund zu sein. Du weißt, was dazugehört – die Rücksichtnahme auf deine Gefühle, auf die Bedürfnisse von Körper und Geist, auf das Bedürfnis nach Zugehörigkeit.

Mehr und mehr entdeckst du auch, welche Rolle Dankbarkeit in deinem Leben spielt, gegenüber deinen Mentoren und Vorbildern und gegenüber deiner Familie.

Vielleicht ist es jetzt auch an der Zeit, dass du überprüfst, welchen Menschen du noch nicht vergeben konntest. Du ahnst schon lange, dass chronischer Groll deine Energie und Lebensqualität beeinträchtigt. Und schließlich ist es immer wieder nötig, dass du dir auch selbst Versäumnisse und Verletzungen vergibst, die du anderen zugefügt hast. Erhalte dir deine moralische Empfindsamkeit, weil sie die beste Garantie ist für dauerhafte Befriedigung und für Erfolg im Sport und im Leben. Nimm dir immer wieder die Zeit, um an deine Vorbilder zu denken.

Überprüfe nun, wie du dich jetzt fühlst. Vielleicht bist du in diesem Augenblick der Mensch, der du sein möchtest, dein bester Freund und dein eigener klügster Ratgeber.

Wenn du bereit bist, dann atme ein Mal kurz ein. Öffne in deinem Rhythmus die Augen und sei wieder hier, erfrischt und wach.

Neugier

Oft wird unterschätzt, welche bedeutsame Rolle unsere Neugier spielt. Neugier ist die Voraussetzung für Kreativität, und Kreativität geht mit Vielseitigkeit, Durchhaltevermögen, Intuition und Weisheit einher. Sie hilft uns, lebendig zu bleiben, nach Wahrheit zu suchen, tolerant zu sein und neue Wege zu gehen.

Mach es dir auf deinem Platz bequem und schließ die Augen. Atme drei Mal langsam aus...
Stell dir vor, dass du mit einer Gruppe von Abenteurern durch die Wüste reist. Ihr reitet auf Kamelen, die geduldig durch den endlos scheinenden Sand wandern.
Glücklich kommst du mit den Gefährten in einer Oase an, froh, dass du endlich etwas anderes siehst als Sanddünen und trügerische Luftspiegelungen. Deine Kameraden streben zu einem großen Wasserbecken in der Mitte der Oase, um sich zu waschen und ihren Durst zu löschen.
Auch du trinkst etwas Wasser, spürst aber eine gewisse Unruhe und den Wunsch, mehr von der Oase zu sehen. Du folgst einem schmalen Weg durch Gärten und Palmenpflanzungen.
Bald entdeckst du einen kleinen, vergessenen Teich. Unter einem Felsen entspringt eine Quelle, deren Wasser in ein Becken fließt. Daneben findest du eine Stelle, die von weichem Gras bewachsen ist. Du legst dich dort hin und entspannst dich von der Anstrengung des Reitens. Du bist glücklich, dass du dieses geheime Fleckchen gefunden hast. Für eine Weile schaltest du alle Gedanken ab und überlässt dich der Magie dieses Ortes. In einem Tagtraum kommt dir die Idee, dass dieser Teich etwas Besonderes für dich bereithält. Du entscheidest dich, diesem abenteuerlichen Gedanken zu folgen. Schnell springst du in das Wasser und tauchst auf den Boden des Beckens. Schon nach kurzer Zeit spürst du die Umrisse eines kleinen Behälters, den du mit Leichtigkeit nach oben bringst,

um ihn dann an Land zu untersuchen. Es ist ein Metallkästchen mit einem Deckel, der zunächst klemmt. Du brauchst Geduld, um das Kästchen zu öffnen. Atme deshalb ein Mal langsam aus... Vielleicht ist etwas darin, vielleicht wurde der Inhalt längst entnommen. Du beschließt, beide Möglichkeiten mit derselben Gelassenheit zu erwarten. Du hast nun eine Minute Zeit, um das Kästchen zu öffnen und das Geheimnis zu lüften... (1 Minute)

Was empfindest du in diesem Augenblick? Hast du etwas gefunden, und was ist es? Und welche Gefühle hast du dafür? Wenn das Kästchen leer ist, dann hast du vielleicht sogar ein besonders wichtiges Geschenk bekommen. Kannst du irgendetwas mit dieser «Leere» anfangen?

In jedem Falle wirst du etwas Zeit brauchen, um dir das Geschenk der Oase anzueignen. Darum kannst du jetzt ganz beruhigt zu deinen Gefährten bei dem großen Wasserbecken zurückkehren. Schließ dich der kleinen Gruppe wieder an und genieße die Pause.

Wenn die Reise weitergeht, hast du viel Zeit, über die Botschaft des Kästchens nachzudenken.

Und wenn du bereit bist, dann atme ein Mal kurz aus und öffne in deinem eigenen Rhythmus die Augen. Sei wieder hier, erfrischt und wach.

Intimität

In dieser Imagination erleben die Teilnehmer, wie wichtig und befriedigend Situationen sind, bei denen sie in den Genuss einer authentischen, intimen Kommunikation kommen.

Mach es dir auf deinem Platz bequem, schließ die Augen und atme drei Mal langsam aus...
Jeder von uns braucht immer wieder einen guten Freund, jemanden, der für uns da ist, dem wir unser Herz ausschütten können, mit dem wir über unsere Gefühle, Fragen und Wünsche sprechen können. Ein guter Freund ist wichtiger für uns als ein guter Berater oder als ein guter Coach. Leicht sind solche guten Freunde jedoch nicht zu finden.
Vielleicht hast du im Augenblick eine wichtige Frage; vielleicht hast du auch ein Geheimnis, das du jemandem mitteilen möchtest; vielleicht hast du einen Herzenswunsch, über den du dich austauschen möchtest. Wäre es nicht gut, wenn du eine Freundin/einen Freund hättest, die/der dir zuhört, Mitgefühl hat und vielleicht auch die eine oder andere Anregung geben kann? Wir wollen uns auf die Suche nach einer solchen Person begeben.
Geh nun in deiner Vorstellung an einen besonderen Ort, den du vielleicht ab und zu in der Phantasie oder in der Realität aufsuchst, um dort Ruhe und Frieden zu finden... Von hier aus führen verschiedene Wege in mehrere Richtungen und einer dieser Wege erregt deine Aufmerksamkeit. Vielleicht, weil er schön breit ist, von Blumen gesäumt und überschattet von Obstbäumen, die Früchte tragen, sodass du davon naschen kannst... In der Ferne gibt es einen Hügel, den du vielleicht auch schon kennst. Manchmal liegt goldenes Sonnenlicht auf seinem Gipfel... Du kannst ihn leicht erreichen, wenn du etwas auf dem Herzen hast. Der Weg zu diesem Hügel ist wunderschön... Die Vögel singen, und die Natur begrüßt dich, während du langsam den Weg entlangschlenderst... Die Sonne scheint

und es weht eine leichte Brise... Dein Herz ist voll freudiger Erwartung, denn du weißt, dass du dort einen guten Freund treffen wirst. Immer wieder schaust du auf den Hügel... Du hast das Gefühl, dass irgendetwas sehr Positives geschehen wird... Oben gibt es eine kleine Wiese mit dichtem, frischem Gras. Von dort hast du einen schönen Ausblick nach allen Seiten...
Auf dem Hügel steht ein großer Baum, der dich einlädt, unter ihm zu rasten und deinen Rücken an seinen starken Stamm zu lehnen. Die Wärme der Sonne hat dich vielleicht etwas müde gemacht und du hast Lust, ein wenig zu schlafen. Im Traum begegnest du einer freundlichen Person... Sie kommt zu dir, verhüllt durch eine Wolke, sodass du nicht genau sagen kannst, ob es sich um einen Menschen handelt oder um irgendein anderes Wesen... Doch du bist dir sicher, dass dieses Wesen als Freund kommt, als weiser und verständnisvoller Gesprächspartner. Ihm kannst du alles anvertrauen, ganz egal, was es ist...
Nun verschwindet die Wolke und du kannst die Gestalt klar erkennen. Deutlich spürst du die Wärme, das Interesse und die Geduld dieses Wesens. Es ist gekommen, damit du mit ihm ein intimes Gespräch führen kannst, von Herz zu Herz, von Freund zu Freund, mit guten Gefühlen und voller Respekt.
Jetzt hast du ein paar Minuten Zeit für dieses Gespräch, in dem du dich mitteilen kannst und in dem du Verständnis findest. Dabei kommt es dir nicht darauf an zu hören, was du tun sollst, sondern es ist dir wichtig zu sprechen und deinen innersten Gefühlen und Gedanken Ausdruck zu geben... (3 Minuten)
Du kannst diese Unterhaltung später fortsetzen, immer dann, wenn du innere Klarheit gewinnen möchtest. Danke deinem Besucher für seine Geduld und sag ihm Adieu. Geh den Weg zurück, den du gekommen bist.
Und wenn du bereit bist, dann atme ein Mal langsam aus und öffne in deinem eigenen Rhythmus die Augen. Sei wieder hier, erfrischt und wach.

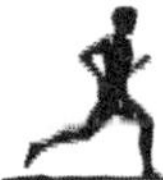

Kreis der Freunde

Jeder Athlet muss immer wieder damit rechnen, dass ihm die Menschen, die seine Arbeit und seine Leistungen verfolgen, mit gemischten Gefühlen begegnen. Und die Dynamik des Wettkampfs selbst bringt unweigerlich negative Gefühle mit sich: Neid, Eifersucht, Missgunst und Zorn. Es ist wichtig, dass ein Sportler sich dagegen immunisiert. Diese Imagination hilft dabei. Sie weckt das Gefühl, geschützt und sicher zu sein und ein Netzwerk von Freunden und Helfern hinter sich zu haben.

Mach es dir auf deinem Platz bequem und schließ die Augen. Atme drei Mal langsam aus...

Als Kinder haben wir uns alle von Zeit zu Zeit allein und schutzlos gefühlt, und diese Gefühle kennen wir auch als Erwachsene. Darum freuen wir uns über jede Unterstützung, die von Herzen kommt, denn dann fühlen wir uns weniger einsam...

In den nächsten Minuten kannst du dir einen unvergänglichen Freundeskreis erwerben... Geh an einen Ort, wo du dich sicher und geborgen fühlst, wo du dich körperlich wohlfühlst und seelisch ausgeglichen, wo du die Umgebung als beschützend empfindest.

Stell dir nun ein paar Sitzgelegenheiten vor – Stühle, Sofas, Sessel, Sitzkissen – damit fünf bis zehn Gäste bequem bei dir Platz nehmen können.

Und während du selbst entspannt und neugierig da sitzt, stell dir bitte vor, wie dein erster Besucher hereinkommt – ein weiser und freundlicher Mensch. Das kann jemand sein, den du im wirklichen Leben kennengelernt hast, jemand der großen Einfluss auf dein Leben hatte; es kann jemand sein, der noch lebt oder der schon tot ist, jemand, den du mit Bewunderung, Liebe und Dankbarkeit betrachtest...

Lass eine weitere Person dazukommen, die dir im Zusammenhang mit der ersten sofort einfällt – auch ein wichtiger Mensch aus deinem Leben, aus der Geschichte oder aus einem Film. Wesentlich ist, dass auch diese Person weise ist und dir wohlgesonnen... Und nun lass dir noch einige Menschen einfallen, die dazukommen sollen, damit die Gruppe deiner Freunde vollständig wird... Vielleicht willst du jemanden einladen, der über Charakterstärke und Mut verfügt. Verlass dich auf die Stimme deiner Intuition, eine geeignete Person zu finden...

Nun brauchen wir noch ein paar weitere Personen... Vielleicht wünschst du dir einen guten Lehrer, vielleicht den einen oder anderen Coach, vielleicht ein sportliches Vorbild oder einen nützlichen Rivalen, der deinen Ehrgeiz anstachelt... Vielleicht wünschst du dir Personen aus dem Kreis deiner Familie herbei, einen Onkel, eine Tante, Großvater oder Großmutter, Vater oder Mutter... Mancher lädt seinen Schutzengel ein, einen guten Geist oder sein Lieblingstier...

Wähle dir Menschen, die dich mögen, die über Weisheit und Lebenserfahrung verfügen und in ihrem Leben gezeigt haben, dass sie Lust am Lernen haben... (1 Minute)

Schau dich nun in dem Kreis um und spüre die Unterstützung... die Weisheit... die Stärke... das Mitgefühl... die friedliche Energie... die Neugier und Lernbereitschaft aller dieser Wesen... Und was am besten ist: Du kannst in diese Gruppe jederzeit zurückkehren. Auf diese Personen kannst du dich verlassen; diese Gruppe steht hinter dir. Sie ist dein Sicherheitsnetz. Sie alle wollen dein Bestes, sie inspirieren dich und schenken dir Kraft. In ihr Wohlwollen kannst du vollständig eintauchen und dich behütet fühlen. Je häufiger du diese Gruppe zusammenrufst, desto schneller werden alle erscheinen und desto positiver entwickelt sich dein Lebensgefühl...

Wenn du nun bereit bist, atme ein Mal kurz aus und öffne in deinem eigenen Rhythmus die Augen. Schau dich im Raum um, erfrischt und wach.

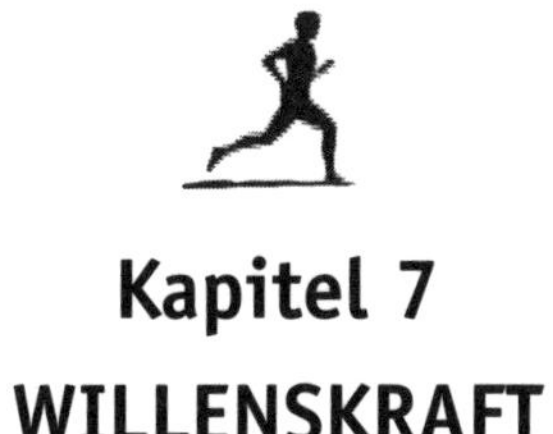

Kapitel 7
WILLENSKRAFT

Zu neuen Ufern

Unser Wille entwickelt sich im Kampf mit Widerständen. Athleten brauchen einen starken Willen. Es darf jedoch kein blinder Siegeswille daraus werden. Wenn wir nachhaltigen Erfolg haben wollen, muss sich unser Wille mit Lernbereitschaft verbinden. Für viele Sportler besteht das größte Problem darin, die Situationen im Leben zu erkennen, bei denen sie auf Lernbereitschaft, Weisheit, Mitgefühl etc. umschalten müssen.

Mach es dir auf deinem Stuhl bequem und schließ die Augen. Atme drei Mal langsam aus...
Stell dir vor, dass du am Ufer eines großen Sees stehst und über das Wasser blickst. Dort, wo du stehst, ist das Wetter trüb und grau. Der Wind peitscht das Wasser und es regnet in Strömen. Auf der anderen Seite des Sees herrscht ein ganz anderes Klima. Die Menschen genießen den warmen Sonnenschein, linde Lüfte wehen und die Atmosphäre ist heiter.
Du fasst den Entschluss, den See zu überqueren. Dir ist klar, dass dies eine große Anstrengung bedeutet. Du kannst selbst entscheiden, wie du auf die andere Seite gelangen willst – mit einem Ruderboot, mit einem Segelboot, mit einem Kanu oder indem du schwimmst.
Du musst nicht nur Wind und Wellen besiegen, auch andere Hindernisse können deinen Weg von der Küste des Negativen zum Gestade des Positiven blockieren: Baumstämme, die im Wasser treiben, oder unter der Wasseroberfläche verborgene Felsklippen... Mach dich nun auf den Weg...
Zum Glück gibt es ein paar Inseln im See. Dort kannst du rasten, wenn du dich von deinen Anstrengungen erholen willst...
Als Belohnung winkt dir das Gefühl des Triumphs. Mit deiner erfolgreichen Überquerung des Sees beweist du, dass dein Wille stark und deine Ausdauer unerschütterlich sind, dass deine Beson-

nenheit genauso groß ist wie deine Risikobereitschaft... (1 Minute)
Wenn du auf der anderen Seite des Sees angekommen bist, genieße das schöne Wetter und die positive Atmosphäre dieser Küste. Nimm dir Zeit für eine kurze Bilanz:

- Was hat hauptsächlich zu deinem Erfolg beigetragen?
- Was war deine größte Schwäche bei dieser Willensprobe?
- Was würdest du bei einem zweiten Versuch anders machen?

Und wenn du diese Fragen beantwortet hast, atme ein Mal kurz aus und öffne die Augen. Schau dich hier um, erfrischt und wach.

Der alte Baum

Diese Imagination stützt das Selbstbewusstsein von Teilnehmern, die gerade eine schwierige Phase durchleben – nach einem Misserfolg oder einer Krankheit. Sie vermittelt Optimismus und den Glauben an die Selbstheilungskräfte der menschlichen Natur.

Mach es dir auf deinem Platz bequem und schließ die Augen. Atme drei Mal langsam aus...

Du bist auf einem Spaziergang durch die Natur. Hohes Gras, zum Teil verwelkt, bedeckt den Boden. Ab und zu siehst du Büsche, junge Bäume und in einigem Abstand einen besonders mächtigen, alten Baum. Er ragt hoch in den Himmel und zieht deine Aufmerksamkeit auf sich. Zahlreiche Vögel singen in seinen Zweigen. Der Gesang der Vögel mischt sich mit dem Rauschen des Windes. Groß und stark wirkt der Baum auf dich, mächtig und unverwüstlich. Betrachte ihn sorgfältig. Bemerke die dicken Wurzeln, die sich nach allen Seiten ausstrecken und die den Baum fest im Boden verankern. Der Baum ist ungewöhnlich hoch. Sein Stamm trägt Narben von abgebrochenen Ästen, die von seinem Überlebenskampf gegen Wind, Hagel und Gewitterböen erzählen... All diese Kämpfe haben den Baum stärker gemacht. Sie haben sein Holz widerstandfähiger werden lassen. Seine starken Äste reichen weit in den Himmel. Sie bieten den Vögeln Schutz und den Menschen Schatten. Seine Blätter oder Nadeln verwandeln das Licht der Sonne in Leben, und aus der Tiefe der Erde saugen die Wurzeln Wasser und Nährstoffe.

Aus einem kleinen Samenkorn ist in vielen Jahren ein mächtiger Baum geworden, der sich hier behauptet hat und der anderen Lebewesen Schutz und Nahrung spendet.

Stell dir einen Augenblick vor, wie du dich fühlen würdest, wenn du wie dieser Baum wärst: groß, stark und fest mit der Erde verbunden. Wie dieser Baum, so bist auch du durch die Krisen deines Lebens stärker geworden. Wie der Baum seine Äste so streckst du manchmal deine Hände aus, wenn du Hilfe brauchst, und auch du kannst anderen Schutz und Unterstützung geben. Das Leben des Baums ist ein Wunder, und das gilt noch mehr für dich. Denn du kannst denken, du kannst lernen, du bist beweglich, du kannst Entscheidungen treffen... Du kannst lieben und geliebt werden, du kannst siegen und verlieren. Das alles sind wertvolle Dinge, die dem Baum nicht möglich sind. Spüre deine Stärke, deine Fähigkeiten, deine Willenskraft. Sei dankbar für all das, was dir gegeben ist.

Noch etwas verbindet dich mit dem Baum: Im Herbst und im Winter üben sich die Bäume in der Kunst des Loslassens; dann ruhen sie sich aus. Auch dir ist das möglich. Die Kunst des Loslassens ist sogar die Voraussetzung für jeden Erfolg im Leben und im Sport.

Und nun atme ein Mal kurz aus und öffne in deinem eigenen Rhythmus die Augen. Schau dich hier um, erfrischt und wach.

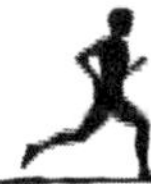

Der Schneeball

In manchen Situationen müssen wir uns darauf verlassen können, dass wir gut vorbereitet sind und dass wir uns intuitiv richtig verhalten werden. Dann kommt es vor allem darauf an, dass wir Vertrauen zu uns selbst haben, zu unseren Schutzgeistern und zur Kraft unseres Willens. Die folgende Imagination stärkt unsere Bereitschaft zu entschlossener Aktion.

Mach es dir auf deinem Platz bequem und schließ die Augen. Atme drei Mal langsam aus...
Stell dir vor, dass du auf der Spitze eines hohen, schneebedeckten Berges stehst und nach unten ins Tal schaust... Dort unten liegt ein kleiner Ort, den du gern erreichen möchtest. Du siehst, dass es schwierig sein wird, weil überall kreuz und quer an der Flanke des Berges Barrieren und Hindernisse liegen. Doch du bist entschlossen, diese Hindernisse zu beseitigen.
Du bückst dich und formst aus dem Schnee einen Ball. Dabei bemerkst du, dass der Schnee schwer und feucht ist. Dieser Umstand kann dir bei deinem Vorhaben helfen, die Hindernisse zu beseitigen. Mach den Schneeball in deinen Händen noch größer und schwerer, bis er ganz hart und vollständig rund ist... Und während du das tust, spüre, dass auch deine Entschlossenheit stärker und fester wird, genauso hart und energiereich wie der Schneeball... Tritt nun an die äußerste Kante des Berges und lass deinen Schneeball nach unten rollen. Beobachte, wie er mehr und mehr Schnee aufnimmt, wie er wächst und wächst, bis er so groß wird wie ein riesiger Fels. Schließlich verwandelt sich dieser schwere Schneeball weiter unten in eine Lawine, die mit Getöse ins Tal stürzt. Unterwegs reißt sie alles mit, was sich ihr in den Weg stellt...
Atme ein Mal langsam aus und betrachte den Weg, den die Lawine gebahnt hat. Alle Hindernisse sind beseitigt und du kannst in aller

Ruhe ins Tal hinabsteigen. Du weißt, dass deine Entschlossenheit dir den Weg frei gemacht hat, und du verlässt dich darauf, dass deine Entschlusskraft und dein Mut in Zukunft noch weiter wachsen werden, so wie der Schneeball, den du in Bewegung gesetzt hast...

Gleichzeitig ist dir bewusst, dass du nicht um jeden Preis Erfolge erringen willst. Du hast dir eine Grenze gesetzt, die du nicht überschreiten willst. Diese Grenze trägt für dich den Namen «Fairness».

Und während du langsam ins Tal hinabsteigst, spürst du, dass du dein Tempo drosseln kannst, um nicht die Kontrolle zu verlieren. Du weißt, dass dir das auch in deinem Sport gelingen wird...

Und wenn du bereit bist, dann atme ein Mal kurz aus und öffne in deinem eigenen Rhythmus die Augen. Sei wieder hier, erfrischt und wach.

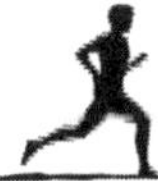

Der Schlüssel zum Erfolg

Es gibt Athleten, die an ihre natürliche Begabung glauben, und es gibt Athleten, die an ihre Fähigkeit glauben, alles zu lernen, was sie sich vorgenommen haben. Zu den Sportlern mit einer ausgeprägten Lernfähigkeit gehört der legendäre Boxer Muhammad Ali. Seinen Erfolg verdankte er seiner hohen Intelligenz und seiner nicht nachlassenden Bereitschaft zu lernen.
In dieser Imagination zeigen wir den Teilnehmern, wie sie ihren Schlüssel zum Erfolg finden können. (Wir schließen uns dabei den Forschungen der amerikanischen Lernpsychologin Carol S. Dweck an: «Mindset – The New Psychology of Success». New York 2006.)

Mach es dir auf deinem Platz bequem und schließ die Augen. Atme drei Mal langsam aus...
Stell dir vor, dass du durch eine große Villa aus der Gründerzeit spazierst, die schon einige Zeit leer steht...
Geh durch alle Räume, betrachte die alten Möbel, Lampen, Gemälde und Teppiche... Steig die Treppe zum ersten Stock hoch und schau in die geräumigen Schlafzimmer. Sieh dir alles an...
Du bemerkst einen Samtvorhang, der eine geheime Tür verbirgt. Zieh den Vorhang zur Seite und öffne die Tür. Du entdeckst dahinter eine steile Treppe, deren Stufen mit Staub bedeckt sind, weil hier lange niemand gegangen ist. Geh die Treppe nach oben und öffne die Tür am Ende der Treppe. Tritt in einen großen Raum ein, in dem Bücherregale und Arbeitstische stehen. Er ist von Licht durchflutet, das von den Seiten und durch ein Oberlicht hereinkommt. Du liest einige Buchtitel. Es handelt sich um Memoiren berühmter Sportler, um Biografien von Trainern und um Werke von Sportpsychologen.
Plötzlich entdeckst du in einer Ecke einen sehr alten Menschen. Die Person sagt zu dir: «Ich habe dich erwartet.» Du spürst, dass dieser Mensch über Weisheit und Wissen verfügt und sich ein Leben lang

nicht nur mit dem Gebiet des Sports beschäftigt hat. Von ihr kannst du eine Antwort auf jede Frage bekommen. Stelle jetzt deine Frage. Sie lautet: «Was muss ich tun, um im Sport dauerhaft Erfolg zu haben?»

Höre die Antwort und stelle eine zweite Frage, wenn du das möchtest... (2 Minuten)

Verabschiede dich dann von der weisen Person, bedanke dich und nimm ein Abschiedsgeschenk von ihr entgegen. Es ist ein kleiner, goldener Schlüssel. In dem Schlüssel ist ein einziges Wort eingraviert. Du kannst dieses Wort später entziffern. Nimm also Abschied, geh die Treppe wieder hinunter und verlasse das Haus. Setz dich irgendwo hin, wo du ungestört bist und betrachte den goldenen Schlüssel. Welches Wort liest du darauf?...

Vielleicht verstehst du die Bedeutung dieses Wortes schon jetzt, vielleicht brauchst du etwas Zeit, bis dir die Tragweite seiner Bedeutung bewusst wird...

Und wenn du bereit bist, dann atme drei Mal langsam aus, öffne in deinem eigenen Rhythmus die Augen und sei wieder hier, erfrischt und wach.

Das Ziel

Die meisten Menschen haben eine Reihe wichtiger Ziele, die sie im Leben anstreben. Daraus ergibt sich ein Problem: Unsere verschiedenen Ziele harmonisch in Einklang zu bringen, ist eine hohe Kunst.
Es gibt noch eine weitere Schwierigkeit: Wir lassen uns ablenken. Wir sind manchmal in der Gefahr, unsere Ziele zu vernachlässigen oder ganz aus den Augen zu verlieren. Dieses Problem haben auch Athleten. Sie verfolgen sportliche Ziele, sie möchten sich um ihre Familie kümmern, das Leben genießen, ihren ethischen Idealen entsprechen und dabei stellen sie immer wieder fest, dass es schwierig ist, all das unter einen Hut zu bringen. Wie können wir unsere Willenskraft stärken?

Mach es dir auf deinem Platz bequem und atme drei Mal langsam aus... Schließ deine Augen und gestatte Körper und Geist eine angenehme Entspannung.
Denk jetzt bitte an ein wichtiges Ziel, das in deiner jetzigen Lebenssituation eine hohe Priorität für dich hat. Vielleicht möchtest du einen sportlichen Rekord aufstellen oder ein wichtiges Spiel gewinnen; vielleicht möchtest du lernen, Kritik aufgeschlossener zu begegnen... Entscheide dich für ein Ziel, das wichtig für dich ist und das du dir selbst gewählt hast.
Lass nun irgendein Bild vor dir auftauchen, das dieses Ziel symbolisch darstellt. Das kann alles Mögliche sein – eine abstrakte Form, eine Person, ein Tier, irgendein Objekt o. Ä.
Nun stell dir vor, dass vor dir ein langer, gerader Weg liegt, der nach oben auf einen Hügel führt. Oben auf dem Hügel kannst du das Bild sehen, das du dir eben ausgesucht hast und das dein Ziel symbolisiert.
Auf deinem Weg begegnest du einer Menge Ablenkungen verschiedenster Art, die dich alle daran hindern wollen, zu deinem Ziel

voranzuschreiten. Diese Ablenkungen tun alles Mögliche, doch sie können dir weder den Weg verstellen noch ihn zerstören, und sie können dich nicht festhalten.

Wie musst du dir diese Ablenkungen vorstellen? Das können Menschen sein, Situationen, andere Ziele, die du hast, starke Gefühle, Stimmungen, Erinnerungen oder deine eigene Sorglosigkeit, Unentschlossenheit, Depressivität usw. Diese Ablenkungen sind erfindungsreich, sie benutzen verschiedene Strategien: Sie führen dich in Versuchung, jagen dir Angst ein, versuchen dich zu entmutigen oder dir Selbstzweifel einzuimpfen. Sie werden dir logische Gründe liefern, sie werden mit Schuldgefühlen arbeiten, sie werden an deine Genusssucht appellieren oder an deinen Egoismus.

Auf deinem Weg zum Ziel brauchst du einen klaren Willen, Entschlossenheit, vielleicht sogar eine gewisse Sturheit. Lass dir Zeit, dich mit den Ablenkungen auseinanderzusetzen. So kannst du dich immunisieren. Spüre ihre suggestive Kraft und führe imaginäre Dialoge mit ihnen, doch bleib nicht stehen und verlier dein Ziel nicht aus den Augen.

Ich werde jetzt drei Minuten schweigen, das gibt dir genügend Zeit für diese Auseinandersetzung... (3 Minuten)

Komm nun oben auf dem Hügel an und betrachte das Bild, das dein Ziel symbolisiert. Genieße die Situation; sprich dir selbst Anerkennung für deinen Durchhaltewillen aus.

Lass dieses emotionale Abenteuer in dir nachwirken, und wenn du bereit bist, dann atme ein Mal langsam aus und öffne in deinem eigenen Rhythmus die Augen. Sei wieder hier, erfrischt und wach.

Willenskraft

Willenskraft benötigt immer eine Basis. Wir können vier wichtige Komponenten unterscheiden, die die Grundlage unserer Selbstsicherheit, unserer Entschlossenheit und unserer Willensstärke sind: Unsere persönlichen Stärken, unsere Erfolge, unser Lernbedarf (d. h. unsere augenblicklichen Schwächen) und unsere persönlichen Werte.

Mach es dir auf deinem Platz bequem und schließ die Augen. Atme drei Mal langsam aus...

1. Führ dir zunächst deine Stärken vor Augen. Dazu gehört alles, was du gelernt hast, aber auch deine angeborenen Talente. Und von besonderer Bedeutung sind deine Charakterstärken: Kann man sich auf dich verlassen? Kann man mit dir durch dick und dünn gehen? Denkst du darüber nach, wie du deine Kinder erziehst, damit sie widerstandsfähig und liebenswert werden? Machst du dir Gedanken, wem du wichtige Anstöße für deine menschliche und sportliche Entwicklung verdankst? Fragst du dich manchmal, wofür du im Leben dankbar sein kannst? Aus allen diesen positiven Mosaiksteinchen setzt sich dein geistiges, emotionales und spirituelles Potenzial zusammen, mit dem du deine Zukunft gestalten kannst.
2. Wende dich nun bitte deinen Schwächen und Niederlagen zu. Das sind Bereiche, die du mit Ruhe und Objektivität betrachten sollst. Hier findest du Aufgaben zum Lernen und Themen, in denen du dich verbessern kannst. Aus Schwächen und Fehlern kannst du positive Impulse ableiten. Deine Schwächen erinnern dich daran, dass niemand auf allen Gebieten gut sein kann und dass kein Meister vom Himmel fällt. Auch im Sport reicht es nicht aus, ein Naturtalent zu sein. Es ist viel Erfolg versprechender, ein begeistert Lernender und Trainierender zu sein.
3. Denk nun an vergangene Erfolge zurück. Erinnere dich an Wettbewerbssituationen, wo du dich durchgesetzt und gesiegt hast.

Genieße im Rückblick diese Triumphe. Zu deinen Erfolgen zählen jedoch nicht nur sportliche Siege, sondern alle Situationen, in denen du in den eigenen Augen und in den Augen anderer etwas Bewundernswertes vollbracht hast. Lass dir auch Erfolge aus deiner Kindheit einfallen – vielleicht die erste selbstständige Fahrt auf deinem Fahrrad, einen Baum, den du bestiegen hast oder einen Streit, den du schlichten konntest. Auch diese Erfolge geben dir einen Grund, dankbar zu sein und optimistisch in die Zukunft zu blicken.

4. Nun wende dich bitte deinen Verpflichtungen zu, jenen Dingen, die du tun sollst. Es gibt zwei Sorten von Verpflichtungen: diejenigen, die von außen kommen, und diejenigen, die wir uns selbst auferlegen. Auch die Verpflichtungen, die von außen an uns herangetragen werden, müssen wir akzeptieren, wir sollen uns dabei jedoch jedes Mal fragen, wieweit sie sich mit unseren persönlichen Wertmaßstäben und Prioritäten decken. Wir müssen Nein sagen, wenn etwas von uns erwartet wird, was wir nach ernsthafter Prüfung ablehnen.

   Ganz anders ist die Situation bei den inneren Verpflichtungen. Die meisten davon stammen aus unserem eigenen tiefen Wissen um das, was für uns wichtig ist. Uns dem zu entziehen, kann uns in große Schwierigkeiten stürzen. Wenn wir das Gefühl einer inneren Verpflichtung übergehen, spüren wir ein tiefes Unbehagen.

   Solche Überlegungen sind wichtig. Wir müssen sie zunächst für uns allein anstellen und später mit Menschen besprechen, die uns nahe stehen. Wenn du dich dieser Mühe unterziehst, wirst du feststellen, dass dein Selbstbewusstsein wächst und deine Willenskraft zunimmt.

5. Wenn du bereit bist, dann atme ein Mal langsam aus und öffne in deinem eigenen Rhythmus die Augen. Sei wieder hier, erfrischt und wach.

Aus Fehlern lernen

Der Sport hat eine spezifische Haltung zu Fehlern entwickelt: Im Training dürfen Fehler gemacht werden, und der Athlet hat das Recht, aus seinen Fehlern zu lernen. Im Wettkampf dagegen sollen Fehler vermieden werden. Wer einen Fehler macht, wird bestraft. Dieses radikale Umschalten von Fehlertoleranz auf Fehlerbestrafung ist für viele Athleten schwierig. Sie lassen sich dazu verführen, Fehler grundsätzlich abzulehnen und die Perfektion als persönliches Ideal anzustreben. Dadurch schränken sie ihre Möglichkeiten zu lernen deutlich ein. Die produktivste Haltung Fehlern gegenüber lässt sich so ausdrücken: Ich lerne aus meinen Fehlern und aus den Fehlern anderer. Auch im Sport kommt es nicht nur auf die Zahl der Siege an, sondern ebenso auf die Bereitschaft zu lernen. (Die Lernpsychologen sprechen von Kompetenzmotivation.)

Mach es dir auf deinem Platz bequem und schließ die Augen. Stell dir vor, dass du mit einem anderen Athleten zusammentriffst, von dem du Anregungen bekommen kannst. Lass es einen Sportler sein, der mit Begeisterung lernt, der keine Schwierigkeiten hat, über seine Fehler zu sprechen und über die Art und Weise, wie er aus ihnen lernt. Lass es jemanden sein, für den Fehler Informationen sind, die uns helfen, unser Verhalten zu ändern, unsere Strategien anzupassen und unsere emotionale Qualitäten zu entwickeln.
Unterhalte dich mit diesem Kollegen darüber, wie wir aus unseren Fehlern lernen können. Gib diesem Gespräch zwei Akzente:

1. Bitte den Kollegen, über seine eigenen Fehler zu sprechen. Frage nach, damit du genau verstehst, wie er daraus lernen konnte.
2. Erzähle selbst von einem eigenen Fehler und wie du daraus gelernt hast. Gib deinem imaginären Gesprächspartner Gelegenheit, ebenfalls nachzufragen und dir, wenn du das wünschst, Anregungen zu geben.

Lass dir für dieses Gespräch drei Minuten messbarer Zeit und vertraue darauf, dass in dieser Zeit alles gesagt wird, was zu sagen ist... (3 Minuten)
Verabschiede dich nun von deinem Kollegen und danke ihm für das Gespräch. Zu deiner Überraschung bekommst du von ihm zum Abschied eine Visitenkarte mit einem handschriftlichen Wunsch auf der Rückseite. Vielleicht bist du über diese großzügige Geste gerührt und jetzt sehr neugierig, was der Kollege dir wünscht...
Sei wieder allein und lies, was der Kollege auf die Rückseite seiner Visitenkarte geschrieben hat. Nimm dir später Zeit, genauer darüber nachzudenken.
Und wenn du nun bereit bist, komm mit deiner Aufmerksamkeit hierher zurück. Atme ein Mal langsam aus und öffne in deinem eigenen Rhythmus die Augen. Sei wieder hier, erfrischt und wach.

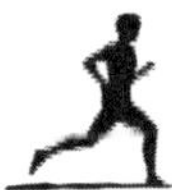

Dankbarkeit

Es wird oft übersehen, dass Willenskraft sich nicht nur aus innerer Stärke, Konzentration oder Entschlossenheit speist, sondern auch aus einer «weicheren» emotionalen Qualität – aus der Fähigkeit, Dankbarkeit zu empfinden.
In der letzten Zeit wird die Bedeutung der Dankbarkeit in der Psychologie immer stärker betont. Es ist gut, wenn wir diese hilfreiche Perspektive auch in die Sportpsychologie integrieren. (Vergleiche Sonja Lyubomirsky: Glücklich sein. Warum Sie es in der Hand haben, zufrieden zu leben, Frankfurt a. M. 2008.)

Mach es dir auf deinem Platz bequem und schließ die Augen. Atme drei Mal langsam aus...
Denk einen Augenblick darüber nach, welche Situationen Unruhe, Unsicherheit, Stress, Aufregung, Enttäuschung und Ärger in dein Leben bringen... (1 Minute)
Dann denk an all die positiven Erlebnisse in deinem Leben, die für einen Ausgleich sorgen, indem sie dich glücklich machen, dich lernen lassen, dir das Gefühl von Liebe und Zugehörigkeit schenken und dir Hoffnung und Optimismus geben.
Jeder muss die Frage selbst beantworten, in welchem Verhältnis die positiven zu den negativen Erlebnissen in seinem Leben stehen. Ist das Verhältnis 1:1? Ist das Verhältnis 2:1 oder sogar 3:1?
In jedem Fall wird sich deine Bilanz verbessern, wenn du eine Tugend kultivierst, die wir Dankbarkeit nennen.

1. Atme zwei Mal tief aus und lass dir zwei Dinge aus deinem Leben als Sportler einfallen, die gut funktionieren bzw. die sich positiv auswirken, z. B. «Mein Kreislauf ist belastbar...» oder «Mein Coach unterstützt meine Lernbereitschaft...» Wenn du die beiden Dinge gefunden hast, dann sage einfach Danke dafür.
2. Atme nun ein Mal langsam aus und denk an etwas, wovon du verschont geblieben bist. Du könntest beispielsweise daran den-

ken, dass du in diesem Jahr nicht verletzt warst oder dass deine Mannschaft keine Niederlage hinnehmen musste. Identifiziere zwei Dinge und bedanke dich anschließend.

3. Wende dich zum Schluss bitte an den Teil in dir, der neugierig ist, lernbereit und hartnäckig. Dieser Teil ist für deine Motivation und für deine Erfolge zuständig. Sprich diesen Teil in dir an und danke ihm, dass er dich nicht im Stich gelassen, sondern dir immer wieder Inspiration geschenkt hat. Drück ihm im Stillen drei Mal deinen aufrichtigen Dank aus.

Und wenn du bereit bist, atme ein Mal kurz aus und öffne in deinem eigenen Rhythmus die Augen. Sei wieder hier, erfrischt und wach.

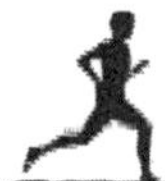

Vergib dir selbst

Ein starker Wille braucht eine gewisse Sanftheit, sonst droht ihm eine Verhärtung und damit eine zunehmende Schwäche. Wenn unser Wille sich erneuern und kreativ bleiben soll, dann müssen wir uns und andere gut behandeln. Hier lenken wir daher die Aufmerksamkeit der Teilnehmer auf eine oft vernachlässigte Aufgabe, nämlich sich selbst zu vergeben.

Mach es dir auf deinem Platz bequem und schließ die Augen. Atme drei Mal langsam aus... Vielleicht geht es dir so, dass es dir leichter fällt, Kritik zu äußern, Zweifel anzumelden oder Vorwürfe zu machen als zu vergeben. Diese Eigenschaft teilst du mit den meisten Menschen. Wie oft sind wir selbst unser eigener strenger Kritiker oder Richter. Wir haben die Tendenz, uns Vorwürfe auf vielen Gebieten zu machen – in unserem Leben als Sportler, in unserer Familie, in unseren Freundschaften. Wir kreiden uns an, dass wir Fehler machen und Wichtiges versäumen. Wir kritisieren uns dafür, dass wir zu hart urteilen.
Versuche jetzt, eine etwas sanftere Haltung einzunehmen und dich selbst besser zu behandeln:

1. Atme zwei Mal langsam aus, und achte dann eine Minute auf deinen Atem.
2. Lass dir einige Dinge einfallen – Fehler, Unterlassungen, Verletzungen, die du anderen aus Lieblosigkeit und Egoismus zugefügt hast. Sage im Stillen Folgendes zu dir: «Für alles Leid, das ich verursacht habe, für alle Schwierigkeiten, die ich anderen oder mir selbst bereitet habe, absichtlich oder unabsichtlich, will ich mir selbst vergeben.»
3. Wiederhole diese Formel ein paar Mal und wandle sie ggf. so ab, dass sie sich für deine Ohren richtig anhört. Bemerke deine innere Reaktion. Wenn du jetzt einen gewissen Kummer spürst, dann ist das ein hoffnungsvolles Zeichen.

Gib dir häufiger das Recht, dir selbst zu vergeben und daraus zu lernen. Lerne auch aus deinen emotionalen Reaktionen.

Wenn du bereit bist, öffne in deinem eigenen Rhythmus die Augen. Sei wieder hier, erfrischt und wach.

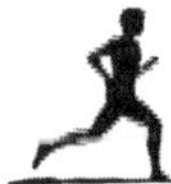

In fünf Jahren

Ein Teil ihrer Vitalität verdanken Wille und Entschlusskraft ihrem Anker in der Zukunft. Zur Orientierung und Inspiration benötigen wir ein Bild unserer persönlichen Zukunft, das in Umrissen zeigt, wie wir später einmal leben wollen.

Mach es dir auf deinem Platz bequem und schließ die Augen. Atme drei Mal langsam aus...
Erinnere dich an deine Träume und Tagträume, an deine Visionen, auch an ganz kurze Bilder, die dir deine Zukunft gezeigt haben.
Stell dir bitte vor, wie dein Leben in fünf Jahren aussieht, wenn es sich so entwickelt, wie du es dir wünschst. Mit Sicherheit gibt es viele mögliche Zukunftsbilder für dich und du wirst sie nicht alle realisieren können. Zu einem Teil wirst du selbst also Prioritäten setzen, zu einem anderen Teil wird das Schicksal dir wichtige Entscheidungen abnehmen.
Versuch dich klar zu sehen: Wo wirst du in fünf Jahren leben?... Wer ist dir in deinem Leben dann wichtig?... Was tust du?... Wie verdienst du dein Geld?... Welche Interessen hast du in der Freizeit?... Wie hast du dich in fünf Jahren als Mensch verändert?... Was tust du für deine Mitmenschen, für die Gesellschaft?...
Sei nun einen Augenblick dieses zukünftige Ich... Blicke zurück auf die Gegenwart und fasse die notwendigen Entwicklungsschritte ins Auge. Welchen Rat gibst du dir und deinem heutigen Ich? Was willst du nie vergessen? Worauf kannst du bauen? Was willst du vermeiden? Was willst du lieben? Wofür willst du kämpfen?
Lass dir ein paar Minuten Zeit, um diese Fragen für dich zu beantworten... (3 Minuten)
Und wenn du dazu bereit bist, öffne in deinem eigenen Rhythmus die Augen und atme ein Mal langsam aus... Sei wieder hier, erfrischt und wach.

Kapitel 8
GEFÜHLE REGULIEREN

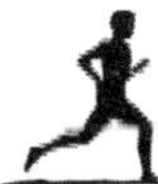

Raum des Schweigens

Für viele Athleten gehören Angst und Lampenfieber zu den ständigen Begleitern. Manchmal ist es die Angst vor einer Niederlage, vor dem Verlust eines Titels. Manchmal ist es die Furcht, die Liebe des Publikums zu verlieren. Schwerer zu fassen sind Ängste, die auf Neid, Eifersucht oder Enttäuschungen zurückgehen.
Vielen Sportlern ist bewusst, dass sie wichtige Identifikationsfiguren für die Zuschauer sind und sie fühlen sich mit dieser Rolle überfordert. Zusätzlich leiden sie unter all den Ängsten, die jeder von uns kennt: Angst vor der Zukunft, vor Krankheit, Einsamkeit, Geldnot oder Katastrophen. Daher sind Imaginationen so wichtig, die sich dieser emotionalen Gefährdung annehmen.

Mach es dir auf deinem Platz bequem, schließ die Augen und atme drei Mal langsam aus...
Lass dir irgendeine Situation einfallen, die geeignet ist, in dir das Gefühl der Angst wachzurufen.
Stell dir vor, dass du im Erdgeschoss eines Gebäudes bist, in dem es einen langen Gang mit vielen Türen rechts und links gibt. Geh nun in einen der Räume und tritt ein wenig zur Seite, damit auch deine Angst dort Platz hat. Wende der Angst den Rücken zu und entdecke rechts von dir eine Tür, die zu einem weiteren Zimmer führt. Geh durch diese Tür und durch weitere Räume bis du spürst, dass es ganz still um dich wird. Geh so lange weiter, bis du den Raum des Schweigens erreicht hast, wo jedes Geräusch verstummt ist. Schau dich um und bemerke, was es dort zu sehen gibt. Wenn du im Raum des Schweigens stehst, ist deine Angst verschwunden. Und vielleicht wirst du dort eine Botschaft entdecken, die dich aufatmen lässt...
Und wenn du bereit bist, dann atme ein Mal langsam aus und öffne in deinem eigenen Rhythmus die Augen. Schau dich um, erfrischt und wach.

Wenn die Angst das nächste Mal zurückkehrt, brauchst du nicht mehr von Raum zu Raum zu gehen. Du kannst dann den Raum des Schweigens direkt aufsuchen und die Erinnerung an deinen ersten Besuch wird dir helfen, deine Angst sehr schnell zu stoppen.
Was du im Raum des Schweigens findest, wird dich überraschen, doch es ist genau das, was du brauchst. Und wenn du dazu bereit bist, kannst du es benutzen.
Auf diese Weise kannst du mit deiner Angst leben und ihr ein menschenfreundliches Format geben.

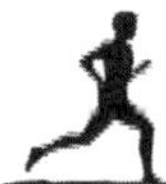

Wüstensturm

Uns in der Vorstellung mit Naturgewalten auseinanderzusetzen, fällt uns oft leichter, als unseren schwer greifbaren emotionalen Ängsten ins Auge zu sehen. «Wüstensturm» bietet uns die Möglichkeit, in verhältnismäßig kurzer Zeit wieder festen Boden unter die Füße zu bekommen und optimistisch in die Zukunft zu blicken.

Mach es dir auf deinem Platz bequem und schließ die Augen. Atme drei Mal langsam aus...
Mit Hilfe dieser Übung kannst du deine Angst vertreiben. Wenn du die Technik beherrschst, brauchst du dafür nicht länger als eine Minute.
Stell dir vor, dass du durch die Wüste wanderst, mit einem Rucksack und einem kleinen Zelt als Gepäck. Du bist bei schönem Wetter aufgebrochen. Doch plötzlich bemerkst du, wie es um dich herum dunkel wird. Eine schwarze Wolke aus Sand kommt immer näher. Der Sturm macht dir das Gehen schwer. Er kommt geradewegs auf dich zu. Du weißt, dass dies der Sturm der Angst ist.
Darum fängst du unverzüglich an, dein Zelt aufzubauen. Das fällt dir leicht. Der Sturm kommt näher und näher, er faucht und bläst dir Sand ins Gesicht. Schnell öffnest du das Zelt und kriechst hinein. Es ist jetzt ganz mit blauem Licht angefüllt.
Während du im Innern des Zeltes geborgen bist, prallen Sturmböen und Sandkörner hart gegen die Wände. Doch du sitzt bequem und sicher in deinem kleinen Zelt inmitten des blauen Lichts und wartest darauf, dass der Sturm vorübergeht...
Dann wird es plötzlich ganz still um dich herum. Wenn du dieses Schweigen hörst, weißt du, dass deine Angst vorüber ist. Nun kannst du das Zelt wieder öffnen und nach draußen gehen.
Und wenn du bereit bist, dann atme ein Mal langsam aus und öffne deine Augen. Stelle beruhigt fest, dass auf die Krise die Rettung gefolgt ist.

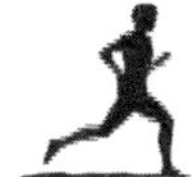

Grübelei

Grübeleien fördern Pessimismus, Angstgefühle und Feindseligkeit. Endlose negative Gedanken stehlen uns kostbare Energie. Wenn wir in einem solchen Teufelskreis stecken, müssen wir diesen Zustand so schnell wie möglich unterbrechen. Viele Methoden können wirksam sein. Hier entscheiden wir uns für eine philosophische Vorgehensweise.

Mach es dir auf deinem Platz bequem und schließ die Augen. Atme drei Mal langsam aus...
Vielleicht gehörst du zu den Menschen, die von Zeit zu Zeit in Grübelei verfallen, vielleicht neigst du eher zu Panikzuständen oder du hast eine Technik entwickelt, deine Ängste zu verdrängen. Wie dem auch sei, jetzt wirst du eine Methode lernen, wie du mit Angst erregenden Gedanken umgehen kannst.
Stell dir vor, dass du deine immer wieder auftauchenden Ängste auf kleine Papierstreifen schreibst, schwerwiegende Ängste wie absurde Befürchtungen. Notiere alles, was dir in den Sinn kommt... (1 Minute)
Mach dich nun in Gedanken auf den Weg zum nächsten Fluss. Wenn dir unterwegs noch Ängste einfallen, die dich quälen, dann notiere auch sie.
Wenn du den Fluss erreicht hast, findest du eine kleine Brücke, von der du bequem auf das vorbeiströmende Wasser schauen kannst. Lass nun die Zettel mit deinen Sorgen, Ängsten und Befürchtungen Stück für Stück in das vorbeiströmende Wasser fallen... Tu das bitte nicht mechanisch, sondern sag jeder Angst einzeln Adieu. Schau ihr nach, wenn das Wasser sie wegträgt, wie die Blätter der Weiden im Herbst, stromabwärts dem Meer entgegen... Sieh zu, wie alle deine nagenden Sorgen davonschwimmen, bis sie verschwunden sind... Dieser Fluss ist für dich ein Segen. Hier kannst du alle Ängste abgeben, die du nicht mehr haben willst. Wenn du jedoch eine

Angst behalten möchtest, weil du sie aus irgendeinem Grunde brauchst (um dich selbst zu disziplinieren, um dich anzustacheln, um dich vor Selbstgefälligkeit zu schützen usw.), dann bewahre den entsprechenden Zettel einfach auf. Du kannst zu diesem Fluss und der Sorgenbrücke jederzeit zurückkehren, wenn du eine Angst loswerden willst... (2 Minuten)
Atme nun ein Mal langsam aus... Öffne in deinem Rhythmus die Augen und sei wieder hier, erfrischt und wach.

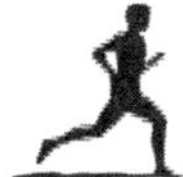

Der Fahrstuhl

Dies ist eine altbewährte hypnotische Methode, mit der wir unser Bewusstsein steuern können. Jeder Teilnehmer kann sie auch allein anwenden und sich damit von leichteren Ängsten entlasten.

Mach es dir auf deinem Platz bequem und schließ die Augen. Atme drei Mal langsam aus...

In dieser Übung wirst du einen Fahrstuhl kennenlernen, der zwei besondere Vorzüge hat. Er bewegt sich mit komfortabler Geschwindigkeit und er kann eine Beruhigungstablette ersetzen.

Stell dir vor, dass du im 15. Stockwerk eines Hochhauses den Fahrstuhl betrittst. Drück den Knopf mit dem großen «E», um ins Erdgeschoss zu fahren... Die Türen schließen sich fast lautlos und der Fahrstuhl beginnt seinen Abstieg. Du siehst auf der digitalen Anzeige die Zahlen der Stockwerke. Immer wenn du an einem Stockwerk vorbeifährst, leuchtet die entsprechende Zahl auf. Also so: 14... 13... 12... 11... 10... usw.

Im Handumdrehen bist du im Erdgeschoss. Der Fahrstuhl stoppt und die Türen öffnen sich. Du verlässt die Kabine und im selben Augenblick bist du angstfrei. Atme ein Mal langsam aus und öffne deine Augen, erleichtert und neugierig.

Eiswürfel

Zorn gehört zu den Emotionen, die auch Sportlern das Leben oft schwer machen. Die folgende Imagination ist doppelt wirksam. Sie vertreibt Gefühle des Zorns und trägt dazu bei, einen erhöhten Blutdruck zu senken. Wer häufig in Zorn gerät, der ist gut beraten, diese Imagination präventiv anzuwenden – über einen Zeitraum von mehreren Wochen täglich.

Mach es dir auf deinem Platz bequem und schließ die Augen. Atme drei Mal langsam aus... In diesem Fall ist es am besten, wenn du durch den Mund ausatmest und durch die Nase einatmest. Diese Übung soll dir helfen, deinen Zorn abzukühlen und deinen Blutdruck zu senken.

Stell dir vor, dass du an einen Eisschrank gehst und drei bis vier Eiswürfel herausnimmst. Reibe Schläfen und Stirn, Gesicht und Nacken mit dem imaginären Eis ab und spüre, wie seine angenehme Kühle durch deinen Körper fließt und auch das Blut in deinem Gehirn abkühlt. Stell dir vor, dass von deinem Gehirn eine eisblaue Kühle in deinen Körper strömt... zunächst in den Nacken... dann in Oberkörper und Rumpf... dann in Arme und Beine... und durch Fingerspitzen und Zehen verlässt sie deinen Körper wieder... Spüre die strömende, blaue Kühle. Wenn diese blaue Kühle deine Finger und Zehen erreicht hat, ist dein Blutdruck gesenkt und dein Zorn verraucht.

Nun atme ein Mal langsam aus und öffne die Augen. Sei mit deiner Aufmerksamkeit wieder hier, erfrischt und ruhig.

Stopp!

Wenn wir uns leicht aufregen, uns schnell verletzt oder angegriffen fühlen, sind wir in der Gefahr, unüberlegt feindselig zu reagieren. Später bedauern wir unsere Unbesonnenheit, denn die Nachwirkungen feindseliger Reaktionen können groß sein. Hier zeigen wir den Teilnehmern, wie sie auf Provokationen, auf Rücksichtslosigkeiten und indirekte Angriffe mit besonnener Freundlichkeit reagieren und eine Eskalation vermeiden können.

Freundlichkeit kann in heiklen und emotional aufgeladenen Situationen außerordentlich wirksam sein.
Mach es dir auf deinem Stuhl bequem und atme drei Mal langsam aus...

1. Erinnere dich an eine Situation, in der dich jemand direkt oder indirekt angegriffen hat, sodass du dich verletzt oder herabgesetzt fühltest. Vielleicht hat ein Teamkollege behauptet, dass du zu wenig trainierst oder du hast dich von jemandem übergangen gefühlt. Bemerke die Gefühle, die diese Erinnerung in dir wachruft.
2. Spürst du den Impuls zurückzuschlagen? Möchtest du zum Gegenangriff ansetzen und den anderen an eigene Schwächen und Versäumnisse erinnern? Bemerke alle Gefühle, die dabei in dir aufsteigen. Nimm sie freundlich zur Kenntnis und lass sie dann wie Wolken am Himmel vorbeiziehen.
3. Atme ein Mal langsam aus und finde in dir jene Besonnenheit, die dich schon manches Mal vor Schwierigkeiten bewahrt hat. Du verfügst nämlich über die Einsicht, dass dein eigener Ärger nicht durch fremden Ärger aufgelöst werden kann, im Gegenteil: Es entsteht dadurch noch mehr Ärger. Darum sage dir im Stillen: «Du willst mir deinen Ärger schenken, doch ich nehme dieses Geschenk nicht an. Dein Ärger gehört weiterhin zu dir.»

4. Atme wiederum langsam aus und bekräftige deine emotionale Entscheidung auf folgende Weise: Falte beide Hände wie zum Gebet, beug dich dabei nach vorn und leg deine Unterarme auf die Oberschenkel. Atme noch einmal langsam aus und presse dabei die Hände mit aller Kraft zusammen. Auf diese Weise kannst du die Reste deines eigenen Ärgers in nützliche Energie umwandeln.
5. Was bewirken die gefalteten Hände? Zunächst bekommst du warme Hände und das ist ein positives Gefühl. Darüber hinaus signalisierst du nach außen freundliche Selbstbeherrschung. Du gibst deinem Interaktionspartner die Sicherheit, dass du ihn nicht angegreifen wirst, denn es ist unmöglich, jemanden mit gefalteten Händen anzugreifen.
6. Die Geste hat noch zwei weitere Auswirkungen, die auf dich selbst zielen: Du setzt dir damit ein unübersehbares Stoppzeichen, indem du dir versprichst: «Ich bleibe ruhig, ich schlage nicht zurück, ich habe mich unter Kontrolle.» Darüber hinaus ist die Geste ein wichtiges Symbol der Kooperation. So wie beide Hände zusammenwirken, so wirken auch dein Bewusstsein und dein Unbewusstes konstruktiv zusammen. Du kannst nun darangehen, die gespannte Situation aufzulösen – durch ein Lächeln, durch ein freundliches Wort, durch eine humorvolle Äußerung.

Negative Gefühle auflösen

Es wird oft übersehen, dass Athleten häufig von negativen Emotionen heimgesucht werden. Jeder, der beruflich mit Sportlern zu tun hat, weiß das. Es ist wichtig, die Gefühle der Athleten zu verstehen und sie aufzuhellen.

Mach es dir auf deinem Platz bequem und schließ die Augen. Atme drei Mal aus und gönn dir einen Moment Zeit, um dich in Ruhe mit deinen Gefühlen zu beschäftigen.
Du bist dir sicher bewusst, dass es nichts nützt, wenn du allzu lang über negativen Gefühlen brütest. Das ändert nichts... Das Grübeln bedeutet eine Vergeudung von Energie und Zeit, in der positive Gefühle entstehen könnten... Positive Gedanken und Gefühle können dir helfen... Zu viele und zu starke negative Emotionen dagegen können dir schaden und dich schwächen...
Du empfindest Zorn, Frustration, Schuldgefühle oder Eifersucht, weil du irgendetwas nicht bekommst, was du dir wünschst. In dieser Situation solltest du dir selbst versprechen, dein Herz nicht mehr an Dinge zu hängen, die du nicht bekommen kannst. Wenn du das tust, dann wirst du auf der Stelle ausgeglichener sein und zufriedener mit dem, was du hast.
Du kannst einfach anders über das Leben denken. Wenn du das Unmögliche willst, dann verdirbst du dir den Genuss an den guten Dingen, die das Leben dir schenkt. Du kannst dich in diesem Augenblick dafür entscheiden, häufiger zu genießen und froh über das zu sein, was du hast. Für eine solche emotionale Haltung gibt es ein wunderbares Wort, und dieses Wort heißt: Dankbarkeit.
Wenn du negative Gefühle in dir anhäufst, dann bereitest du dir nur Kummer und Schmerz. Negative Gedanken und Gefühle lenken deinen Blick auf die Vergangenheit. Sie verhindern, dass du dich an der Gegenwart erfreust und sie hindern dich, nach vorn zu blicken, zu lernen und das Beste aus deinem Leben zu machen.

Wenn du also negative Gefühle angesammelt hast – Zorn, Frustrationen oder Eifersucht –, dann lass sie los. Tu es gleich und befreie dich von dem, was einmal war. Dasselbe kannst du auch mit anderen schwierigen Gefühlen tun. Wenn du etwas verloren hast, dann kannst du jetzt noch einmal Trauer empfinden. Wenn du eine Illusion verloren hast oder wenn sich ein sehnlicher Wunsch nicht erfüllt hat, dann kannst du jetzt einen Augenblick der Trauer verspüren und dann loslassen...

Natürlich kann es auch sein, dass du Schuld empfindest für etwas, was du getan oder unterlassen hast. Dann vergib dir selbst und lass los...

Es gibt eine alte Regel, die sagt: Wir tun immer das Beste, was uns möglich ist. Wahrscheinlich hattest du damals gute Gründe für das, was du getan hast... Darum verabschiede dich von deinen Schuldgefühlen. Vielleicht kannst du dir bestätigen, dass du immer dein Bestes gegeben hast. Niemand kann von dir erwarten, dass du mehr tust... Du bist kein Übermensch und du hast das Recht auf Irrtümer und Fehler...

Von heute an wird dein Unbewusstes, wird dein Herz dir helfen, etwas Neues zu lernen und positive Gedanken und Gefühle zu entwickeln. Und du wirst daran denken, dass du immer die Wahl hast: Du kannst gute Gedanken und gute Gefühle wählen, und du kannst diese guten Gedanken und guten Gefühle ausdrücken...

Und wenn du irgendwann erkennst, dass du dich in Negativität verlierst, dann kannst du auf der Stelle aus der Situation etwas Positives machen. Das hilft dir voranzukommen, dein Leben und alles, was du hast, zu genießen... Lass dich häufiger die positiven Dinge erleben: Liebe, Mitgefühl, Verständnis, Vergebung und Offenheit.

Leg jetzt deinem unbewussten Geist deine negativen Emotionen vor, damit er sie in Stärke und Kraft umwandelt. Wenn das geschehen ist, wirst du sehr zufrieden sein, weil du dich so erleichtert fühlst. Dann kannst du optimistisch in die Zukunft schauen. Für die Umwandlung negativer Gefühle brauchst du etwas Phantasie und Improvisationsbereitschaft, denn es gibt viele Möglichkeiten, aus Negativität Positives zu destillieren. Wie würde es dir gefallen, wenn du ein Alchimist der eigenen Gefühle wärst und z.B. aus Zorn Entschlossenheit machen könntest und aus Frustration die

Bereitschaft, wichtige Wünsche anzumelden und die Toleranz, auch ein Nein mit Grazie zu akzeptieren?
Komm nun aus der Tiefe deines Geistes wieder zu deinem Tagesbewusstsein. Bring alle guten Gefühle mit, Gefühle der Ausgeglichenheit... der Positivität... der Zuversicht... der Selbstachtung... und der Liebe... Atme ein Mal langsam aus und öffne dann in deinem eigenen Rhythmus die Augen. Schau dich um und fühle dich wunderbar.

Stöhnen

Auch kindliche Methoden können bisweilen helfen, unsere Gefühle zu verwandeln. In diesem Fall geht es darum, Zorn und Enttäuschung in Vitalität und das Gefühl von Kraft umzuwandeln. Wir fühlen uns dann nicht als Opfer, sondern frei und handlungsfähig.

1. Stell dich vor deinen Stuhl, die Knie leicht gebeugt und die Füße schulterbreit auseinander. Schließ die Augen... Leg nun die linke Hand auf deinen Bauchnabel und die rechte auf die Stirn.
2. Gleich sollst du anfangen, mit aller Kraft zu stöhnen. Du kannst deine ganze Vitalität, deine Energie, deine Entschlossenheit in diese Töne legen. Wähle dir vorher in der Phantasie eine Person aus, die als imaginärer Zuschauer dabei ist. Jetzt hast du Gelegenheit, dieser Person zu zeigen, was in dir steckt. Wähle jemanden,

- der dir oft nicht richtig zuhört,
- der dich unterschätzt,
- der dich für schwach hält,
- der dir den Respekt verweigert.

3. Bestimme den Abstand, in dem der imaginäre Zuschauer dein Stöhnen miterleben soll.
4. Hier noch einige kurze Hinweise: Stöhne, während du ausatmest und leg all deine Kraft in deine Stimme. Lass die Stimme nicht nur aus deinem Kehlkopf kommen, sondern aus deinem ganzen Körper. Du machst es richtig, wenn du spürst, dass dein Körper zu vibrieren beginnt. Achte darauf, dass du alle angesammelten Gefühle in dein Stöhnen legst.
5. Während du stöhnst, brauchst du den Zuschauer nicht zu beachten. Frag ihn anschließend, was er dabei empfunden hat. Du hast genau eine Minute Zeit für diese Übung. Das ist genügend Gelegenheit für eine Umwandlung deines Gefühls... (1 Minute)

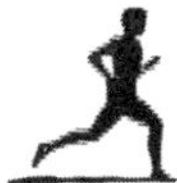

Hallo Zorn!

Wir müssen mit unseren schwierigen Gefühlen leben, weil sie in der Architektur unseres Gehirns und unseres Nervensystems verankert sind. Außerdem wäre das Leben ohne sie langweilig und die positiven Gefühle würden uns fade erscheinen. Daher tun wir gut daran, unsere schwierigen Gefühle gut zu behandeln.

Mach es dir auf deinem Platz bequem und entscheide selbst, ob du bei dieser Übung die Augen schließen willst oder nicht. Atme drei Mal langsam aus...
Wie gehst du mit deinen dunklen Gefühlen wie Zorn, Kummer, Angst und Enttäuschung um? Behandelst du sie schlecht, indem du dich selbst deswegen tadelst, dich darüber ärgerst und sie am liebsten vergessen würdest? Oder begegnest du ihnen mit Freundlichkeit und Verständnis? Versuchst du dir einzureden, dass es besser wäre, diese Gefühle gar nicht zu haben? – Es ist wichtig, dass wir unsere dunklen Gefühle freundlich behandeln.

1. Erinnere dich an eine Situation aus jüngster Zeit, wo du plötzlich von Wellen des Zorns überspült wurdest. Atme ein Mal langsam aus und bemerke die Gedanken, die dir jetzt durch den Kopf gehen. Gibt es darin Selbstkritik? Bedauern über diese Reaktion? Interveniere nicht und lass die Gedanken durch deinen Geist ziehen.
2. Und nun kannst du etwas anderes tun: Begrüße deine Gefühle, schenk ihnen Beachtung und danke ihnen dafür, dass sie zu dir gekommen sind. Du kannst sie ansprechen, indem du z.B. sagst: «Ich danke dir, Zorn, dass du dich meldest», «Ich danke dir, Enttäuschung, dass du dich zu erkennen gibst», «Ich danke dir Angst, dass du dich mir zeigst.» Und du kannst dir sogar vorstellen, dass du dich vor deinen dunklen Gefühlen respektvoll verneigst.

3. Wenn du deine Gefühle, Gedanken und Wahrnehmungen mit Offenheit begrüßt, mit Neugier, mit Achtung, dann erweist du dir selbst Respekt und Freundlichkeit. Dies ist eine gute Gelegenheit, deine eigenen Schwächen, Empfindlichkeiten und Unzulänglichkeiten zu bemerken und vielleicht fasst du den Entschluss, auf diesem Gebiet etwas zu lernen.
4. Unsere Gefühle haben nicht die Absicht, uns und unser Leben zu kontrollieren. Sie sind eher ein Sensor, der uns die Botschaft schickt, dass wir Lernbedarf haben.

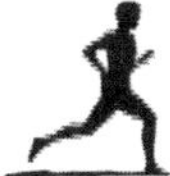

Magische Augen

Wir haben uns in diesem Buch schon verschiedentlich mit der Notwendigkeit von Vergebung beschäftigt. Vergebung kann einen Dominoeffekt auslösen: Viele emotionale Probleme lösen sich dadurch von selbst.

Mach es dir auf deinem Platz bequem und schließ die Augen. Halte deinen Rücken ganz gerade, damit du genug Platz hast zum Atmen. Atme drei Mal langsam aus...

Nun geh mit deiner Aufmerksamkeit weit nach innen in das Labyrinth deiner Erinnerungen und finde dein inneres Kind, das Kind, das du selbst einmal warst. Lächle ihm zu und schließ es kurz in deine Arme... Ihr werdet beide auf eine Reise gehen. Die Route könnt ihr gemeinsam auswählen, denn es sind unsere eigenen Entscheidungen, die uns unseren Weg finden lassen, auch wenn wir manchmal denken, dass nur das Schicksal für uns entscheidet.

Atme ein Mal langsam aus und stell dir vor, dass es Nacht ist... eine richtige Filmnacht mit Mondlicht und Sternen... eine Nacht der Liebenden... eine Nacht, in der die Engel singen und seufzen... und ihr beide seid tief in einem Zauberwald... Das Mondlicht scheint hell auf einen alten Tempel inmitten der tiefsten Tiefe des Waldes...

Es herrscht völliges Schweigen. Ihr beide tretet in den Tempel. Ein geheimnisvolles, violettes Licht erleuchtet die große Halle... Fremdartige, aber freundliche Personen tauchen auf und laden euch ein, Platz zu nehmen. Eine von ihnen, eine wunderschöne Frau mit strahlenden, grünen Augen lächelt euch zu und schaut dich dann lange an... Mit einer sanften Handbewegung lenkt sie eine Kugel aus goldenem Licht genau vor dich... Lächelnd erklärt sie dir ihr Vorhaben: Einer nach dem anderen werden sie alle kommen – die Menschen aus deinem Leben, die dich einmal verletzt haben, die dir Leid zugefügt, die dich beschämt oder betrogen haben. In dem

goldenen Licht kannst du erkennen, auf welche Weise du selbst zu diesen Problemen beigetragen hast... Alles taucht nun vor deinem inneren Auge auf und du erkennst deutlich, wie es zu den Schwierigkeiten in diesen Beziehungen gekommen ist...
Jetzt erscheint in dieser Stille der Mensch, der dich am meisten von allen verletzt hat. Du hast Gelegenheit, ihm deine Gefühle auszudrücken, vollständig und rückhaltlos, alles, was du vorher nicht mitteilen konntest...
Was möchtest du mit diesem Menschen jetzt tun?... Alles ist in diesem goldenen Licht möglich, nur keine Gewalt... Bist du jetzt bereit zu vergeben... und zu vergessen?... (1 Minute)
Verabschiede dich nun mit einer Verbeugung von dem Tempel und den Menschen darin und komm langsam zurück...
Und wenn du bereit bist, atme ein Mal langsam aus... Öffne in deinem Rhythmus die Augen. Sei wieder hier, erfrischt und wach.

In diesen Tempel im Wald kannst du in Zukunft auch alleine reisen, zu diesem Zentrum der Weisheit und der Selbstbeherrschung in dir selbst. Hier kannst du die Antwort finden auf alles, was du wissen musst, um zu lernen, was du lernen musst, um zu erkennen, was für Möglichkeiten du im Leben hast, um weise Entscheidungen treffen und in jedem Augenblick spontan das Richtige tun zu können...
Du bist ein Zentrum des Bewusstseins und eine kreative Stimme. Öffne dich und wisse, wo deine Macht ist. Geh dorthin und lass dir helfen. Du wirst im Handumdrehen Heilung finden. Sei dankbar dafür. Geh in deinem Leben weiter, und es wird dir gut gehen...

Um Vergebung bitten

Angestauter Groll kann jede Beziehung schwer beschädigen. Dazu kommt es, wenn Verletzungen und Ärger verheimlicht werden. Keiner von uns ist frei von Worten und Taten, mit denen er andere Menschen verletzt, absichtlich oder unabsichtlich. Oft begleitet uns der Schatten solcher bösen Worte und Aktionen lange Zeit. Von dieser Last können wir uns befreien, wenn wir unsere Rücksichtslosigkeit, unsere Treulosigkeit, unseren Egoismus oder unsere Angst eingestehen und uns entschuldigen und um Vergebung bitten. Das gilt sowohl für unser privates wie unser berufliches Leben.
Auch in der Welt des Sports können wir lang andauernde Fehden und Animositäten beobachten, die allen Beteiligten schaden. Wir schlagen den Teilnehmern hier einen ersten Schritt auf dem Wege der Versöhnung vor.

Du wirst eine Methode kennenlernen, wie du problematische Beziehungen zu Kollegen und im privaten Bereich wieder in Ordnung bringen kannst. Vielleicht hast du etwas getan, was nicht okay war, was anderen geschadet hat und was du bereust:

1. Mach es dir auf deinem Platz bequem und atme drei Mal langsam aus...
2. Bekräftige deinen Entschluss, gleich etwas Ungewohntes zu tun, indem du mir im Stillen nachsprichst: «Ich möchte meine Beziehungen in Ordnung bringen. Ich muss nicht immer recht behalten. Ich weiß, dass ich keine Vorrechte vor anderen habe. Ich möchte sanfter sein gegenüber anderen und mir selbst. Ich möchte lernen, anderen und mir selbst zu vergeben.
3. Atme ein Mal langsam aus... Denk nun bitte an jemanden, den du verletzt hast, absichtlich oder unabsichtlich...
4. Stell dir jetzt vor, dass diese Person dir gegenübersitzt. Schau ihr ins Gesicht. Entdecke in ihrem Gesicht die Spuren von Erfolgen und die Schatten von Niederlagen. Spüre, was euch verbin-

det. Und sprich mir dann unhörbar die folgende Formel nach: «Ich bitte dich um Vergebung für all den Kummer, den ich dir bereitet habe.»

5. Nun kennst du dieses einfache Vergebungsritual. Wiederhole den Satz ein paar Mal, und wenn du willst, benutze deine eigenen Worte. Gib keine Erklärungen ab, keine Begründungen. Konzentriere dich ganz auf deine Bitte. Während du das tust, bemerke, wie sich deine Gefühle tief in dir verändern. Es ist nicht nötig, dass die angesprochene Person irgendetwas sagt... (1 Minute)
6. Und nun atme ein Mal langsam aus... Sitz wieder allein auf deinem Stuhl und bemerke deine Gefühle und Gedanken...
   Reck und streck dich ein wenig und schau dich einmal im Raum um. Sei mit deiner Aufmerksamkeit wieder hier, erfrischt und wach.

Wir alle machen Fehler

Sportler neigen zum Perfektionismus. Sie müssen es in einem gewissen Umfang sogar, sonst wären sie nicht erfolgreich z.B. im Kampf um Bruchteile von Sekunden. Die Kehrseite ist eine angelernte Intoleranz Fehlern gegenüber. Oft gilt das nicht nur im professionellen Bereich, sondern auch in der Familie und sich selbst gegenüber. Darum ist es wichtig, hier früh gegenzusteuern. Dies ist eine ganz einfache Übung, die die aktive Freundlichkeit der «Loving-Kindness-Meditation» ins Spiel bringt.

Wenn du dich das nächste Mal über jemanden ärgerst, dann kannst du zur Bewältigung deines Ärgers die folgende Methode anwenden. Sie erinnert uns daran, dass wir alle gleich sind. Wir sind nur Menschen, wir alle machen Fehler und wir alle können und müssen lernen. (Im Sport gewinnt langfristig derjenige, der am besten lernen kann.)

1. Mach es dir auf deinem Platz bequem und schließ die Augen. Atme drei Mal langsam aus... Leg eine Hand auf dein Herz zum Zeichen, dass bei dieser Übung Kopf und Herz zusammenarbeiten.
   Lass alle Gefühle der Irritation, alle Gedanken an Termine und Verpflichtungen sanft mit der Atemluft aus deinem Körper hinausfließen. Lade ein Gefühl der Ruhe ein, das dich von Kopf bis Fuß besänftigt.
2. Nun lass dir irgendeine Situation aus der jüngsten Vergangenheit einfallen, in der du Ärger empfunden hast, leichten, mittleren oder auch starken Ärger. Erinnere dich an diese Situation und an dein Verhalten in ähnlichen Situationen.
3. Heute wirst du dich anders verhalten. Lass die Worte, die du gleich sprechen wirst, sich überall in deinem Körper ausbreiten wie ein Echo. Lass sie über deinen Körper hinwegfließen wie warmer Sommerregen. Während du diese Sätze sprichst, stell dir

das Gesicht des Menschen vor, zu dem du das sagst. Sieh seine Empfindlichkeit und sei dir bewusst, dass auch dieses Leben begrenzt ist wie dein eigenes... Sprich mir nun unhörbar die folgenden Worte nach:

- Wie ich selbst glücklich sein möchte, so sollen alle Menschen glücklich sein.
- Für alle Schwierigkeiten, die du mir gemacht hast, wissentlich oder unwissentlich, aus Angst, Unüberlegtheit oder aus Kummer, vergebe ich dir... (1-2 Minuten)

4. Und wenn du bereit bist, dann atme ein Mal langsam aus... Komm mit deiner Aufmerksamkeit hierher zurück und öffne in deinem eigenen Rhythmus die Augen...

Kapitel 9

HEILUNG UND GESUNDHEIT

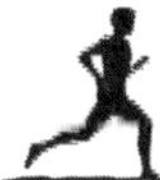

Heilende Nähe

Wenn wir ernsthaft krank sind, fühlen wir uns meist verletzlich und einsam. Wir wünschen uns die Gegenwart von Menschen, die genug Einfühlungsvermögen besitzen, um unsere Gefühle zu verstehen. Heilungsprozesse laufen schneller ab, wenn der Kranke das Glück hat, liebevoll betreut zu werden. In dieser Imagination lassen wir die liebevolle Betreuung in der Phantasie stattfinden. Wir wollen erreichen, dass Optimismus und Selbstheilungswille aktiviert werden.

Mach es dir bequem im Sitzen oder im Liegen. Du kannst deine Lage jederzeit verändern, und wenn du dazu bereit bist, brauchst du nichts anderes zu tun, als mir zuzuhören. Diese Zeit gehört dir ganz allein. Eine Zeit der Ruhe, der Stärkung, der Heilung. Schließ jetzt die Augen.

Achte zu Beginn auf deinen Atem. Vielleicht wirst du bemerken, dass die Luft beim Einatmen ein wenig kühler ist und beim Ausatmen ein wenig wärmer und feuchter... Ein Atemzug nach dem anderen, so einfach, so leicht... Wenn du willst, kannst du deine Atemzüge zählen, von eins bis fünf und dann wieder von vorn. Das ergibt einen ruhigen Rhythmus... eins... zwei... drei... vier... fünf...

Vielleicht geht dir plötzlich irgendein Gedanke durch den Sinn, dann bemerke ihn... Lass ihn vorüberziehen und wende dich wieder dem Zählen deiner Atemzüge zu. Und wenn ein weiterer Gedanke kommt oder ein Gefühl sich meldet, kannst du sie begrüßen und dich wieder dem Zählen deiner Atemzüge zuwenden... Einfach und leicht, erholsam, entspannend...

Zieh dich nun in deiner Vorstellung in ein Refugium zurück, wo du dich sicher und beschützt fühlst. Ich weiß nicht, wo das ist und wie es dort aussieht... ob es diesen Ort tatsächlich gibt, oder ob du ihn dir ausgedacht hast... diesen besonderen, geheimen und sicheren

Ort. Es ist ein Ort, wo du gern bist und der nur dir gehört. Schau dich dort um. Bemerke, was es hier alles gibt. Höre, rieche und nimm die besondere Atmosphäre wahr... Es ist dein Platz... Du kannst hier vollständig zur Ruhe kommen...
Hier gibt es viele interessante Dinge. Alles ist ruhig und entspannt... Diese Zeit gehört dir, damit es dir von Mal zu Mal besser geht.
Du weißt, wie wichtig es für unsere Heilung ist, dass wir nicht allein sind... dass wir berührt werden... dass wir mit anderen verbunden sind und spüren, dass sie sich Gedanken um uns machen... dass sie Mitgefühl und Liebe empfinden... und dass sie den Wunsch haben, es möge uns besser gehen...
Kannst du jetzt, während du an deinem besonderen Platz ausruhst, spüren, dass etwas Neues auf dich zukommt? Bemerkst du, dass zwei Hände zu dir gekommen sind? Hände, die Wunder bewirken können, Hände die dir guttun, die deine Heilung fördern... Langsam kommen sie näher... Ich weiß nicht, wem diese Hände gehören... Vielleicht gehören sie jemandem aus deiner Kindheit... Vielleicht sind es die Hände eines Wunderheilers... Vielleicht sind es die Hände eines Heiligen oder deines Schutzengels... Es sind kluge, heilende Hände... Sie fühlen sich so sanft und weich an und gleichzeitig stärker und mächtiger als alles in dir, was auf Heilung wartet.
Diese Hände gleiten ganz sanft in einem geringen Abstand über dich hinweg. So können sie spüren, wo ihre heilende Energie gebraucht wird... Und dann berühren die Hände sanft die Stellen, die ihre Kraft benötigen... Sie schicken dort heilsame Energie durch deine Haut und sorgen auf diese Weise in deinem Körper für Ordnung. So können neue Zellen, neue Nerven und neue Bänder wachsen, die Knochen können sich selbst reparieren und alles wird wieder so, wie die Natur es vorgesehen hat...
Dieser Prozess der Erneuerung und des inneren Aufräumens schreitet fort, bis du wieder gesund und geheilt bist... Auch später wirst du noch spüren, wie diese Berührung nachwirkt... heute Nacht... morgen... in der nächsten Woche... so lange, wie es nötig ist... Dein Körper wird sich an diese Berührung erinnern... Wie gut, dass die heilenden Hände immer wieder zu dir kommen und ihre Arbeit fortsetzen werden...

Spüre nun noch einmal, wie die Hände ein letztes Mal über deinen Körper schweben und dir zum Abschied eine Extraportion heilender Energie schenken, ehe sie sich verabschieden.
Und wenn du bereit bist, dann werde wieder ganz wach. Atme ein Mal langsam aus und kehre in diesen Raum zurück, erfrischt und voller Energie.

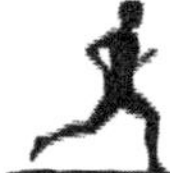

Eine Verletzung heilen

Mit geleiteten Imaginationen können wir Heilungsprozesse beschleunigen. Wir kommunizieren auf diese Weise mit unserem Körper und sprechen mit ihm über eventuelle Verletzungen und über notwendige oder erwünschte Heilungsprozesse. Dabei entspannt sich unsere Muskulatur, die Durchblutung wird angeregt und unser Immunsystem wird gestärkt.
Dieser Imagination schließen sich einige gute Wünsche für andere Menschen an, die dem Patienten wichtig sind. Wir wissen, dass uneigennützige Wünsche, wenn sie von Herzen kommen, Heilungsprozesse in unserem Körper fördern und unser Immunsystem stabilisieren. Unsere Gesundheit hängt nicht nur von uns allein ab, sondern sie ist eng verbunden mit unserem Beziehungsnetz.

Mach es dir im Sitzen oder im Liegen bequem und atme drei Mal langsam aus...
Konzentriere dich nun bitte auf den Bereich deines Körpers, der eine Verletzung erlitten hat. Welche Teile deines Körpers sind von der Verletzung betroffen? Bemerke, wie sich die Verletzung jetzt anfühlt... Sitzt das Gefühl tief im Körper oder eher an der Oberfläche?... Wie äußert sich der Schmerz an dieser Stelle?... Ist er eher dumpf oder ist er stechend?... Versuche deine Verletzung möglichst objektiv zu erleben, ohne Vorwurf und ohne Zorn.
Sei bereit, an der Genesung des verletzten Teils mitzuwirken. Frage diesen Körperteil, was du für ihn tun kannst, damit eine Heilung stattfinden kann. Vielleicht bekommst du sofort eine Botschaft, vielleicht musst du noch etwas darauf warten.
Es ist wichtig, dass du jetzt die Tatsachen akzeptierst, dass du nicht zornig oder frustriert reagierst, dass du niemandem Vorwürfe machst, sondern dass du allen vergibst, die daran beteiligt waren. Denn negative Gefühle irritieren deinen Körper. Sie verzögern die Heilung und schwächen dein Immunsystem.

Was kannst du stattdessen tun? Schick einfach liebevolle Gefühle in den Bereich deines Körpers, der wieder gesund werden möchte.
Wenn du ausatmest, kannst du dir vorstellen, dass du die warme Kraft deines Atems in die Gebiete schickst, die jetzt wieder gesunden wollen. Sorge dafür, dass die Muskulatur sich entspannt und die Adern sich weit öffnen, damit dein Blut frische Kraft und Heilung dorthin bringen kann, wo sie gebraucht werden. So kann neues Gewebe entstehen, deine Knochen können wieder fest werden und die Nervenbahnen wieder funktionieren. Schicke deiner Verletzung liebevolle Gefühle und danke diesem Teil deines Körpers für alles, was er früher für dich getan hat. Erkläre ihm, dass du geduldig bist und alles tun willst, was zu seiner Heilung beiträgt.
Und du kannst noch mehr für das verletzte Gebiet tun: Stell dir vor, dass goldenes Licht auf diesen Teil deines Körpers fällt. Es bringt frische Energie und genau die Temperatur, die für die Heilung benötigt wird.
Nun möchte ich dir noch ein Geheimnis verraten, mit dem du deine Heilung sehr unterstützen kannst: Nutze die freie Zeit, die du jetzt hast, um an alle Menschen zu denken, die einen Platz in deinem Herzen haben. An deine Familie, deine Freunde und vielleicht an deine wichtigsten Kollegen. Denke an jeden Einzelnen und finde heraus, was dieser Person im Leben fehlt, was sie brauchen kann, worüber sie sich freuen würde.
Sieh das Bild jedes Einzelnen vor deinem geistigen Auge und sprich ihn an. Teile ihm mit, was du ihm von Herzen wünschst. So kannst du z.B. deinen Bruder ansprechen und sagen: «Lieber Matthias, ich wünsche dir, dass du mit deinem Chef Frieden schließen kannst...»
Wünsche jedem etwas, was sein Leben leichter, friedlicher und erfreulicher machen kann.
Du steigerst die heilende Wirkung dieser Wünsche, wenn du dir jeden Tag etwas Zeit dafür nimmst. Dann kannst du erstaunliche Dinge erleben.
Gönn dir nun wieder etwas Ruhe. Wenn du bereit bist, atme ein Mal langsam aus... Öffne in deinem eigenen Rhythmus die Augen, sei wieder hier, erfrischt und optimistisch.

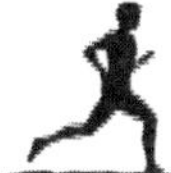

Der heilende Garten

Nach einer Sportverletzung oder nach einer Krankheit regt diese Imagination unser Immunsystem an.

Mach es dir auf deinem Platz bequem, im Sitzen oder im Liegen. Atme drei Mal langsam aus...
Stell dir nun bitte vor, dass du in einem wunderschönen Garten bist, einem Ort der Ruhe und des Friedens... Hier bist du sicher und beschützt... Um dich herum siehst du die Schönheit der Natur... Blumen und Sträucher in vielen Farben... hohe Bäume, die Schatten spenden...
Ein bisschen weiter hinten im Garten findest du einen Bogengang, bewachsen mit duftendem Geißblatt, und dahinter einen Brunnen, dessen Wasser in der Sonne glitzert... Es ergießt sich in ein großes Becken, in dem Wasserlilien blühen. Goldfische und rotbäuchige Kois schwimmen im Becken herum und schnappen manchmal nach unvorsichtigen Insekten. Hier kannst du dich leicht entspannen und alle Sorgen und Nöte vergessen... Hier kannst du deinen Gedanken nachhängen, die kommen und gehen wie die Wolken am Himmel...
Hier möchtest du verweilen... Du legst dich auf den Rasen und lässt dich davon kühlen... Jetzt wird dir klar, dass dies wirklich ein besonderer Ort ist, ein heilender Ort, ein Ort, an den schon viele vor dir gekommen sind, um den Frieden und die Harmonie der Natur zu genießen. Manche sind gekommen, um hier Heilung durch heilige Männer und Frauen zu bekommen, die in all den Jahrhunderten hier durchgezogen sind, um denjenigen beizustehen, die Hilfe für ihre Leiden suchten. Wer immer sich krank oder verletzt fühlt, der hofft auf den Beistand von Ärzten, die Wunder wirken können. Und vielleicht geht es dir ebenso...
Vielleicht wünschst auch du dir Unterstützung für deine Heilung und es ist möglich, dass du schon jetzt eine Stimme hörst, die dei-

nen Namen ruft... Die Stimme kommt näher heran... Sie hört sich sanft an und beruhigend...
Wer sollte jetzt hierher kommen, wenn nicht eine Person von tiefer Weisheit und großer Erfahrung... Es ist ein erfahrener Heiler, bewandert in den Methoden der modernen Medizin und vertraut mit den Geheimnissen der Naturheilkunst...
Ein warmes Gefühl durchströmt deinen Körper, sobald er dir sanft seine Hand auf den Kopf legt. Ein Gefühl, das immer stärker wird, angenehm, entspannend, wärmend und anregend. Es erreicht jede Zelle deines Körpers... jeden Muskel... jeden Winkel deiner Existenz. Du fühlst dich beruhigt und voll Hoffnung. Du spürst eine heilende Welle, die keinen Teil deines Körpers auslässt, und die besonders den Körperteilen wohltut, die schmerzen oder verletzt sind. Dein Kreislauf wird angeregt, deine Organe werden reichlich mit Blut versorgt und dein Immunsystem gewinnt seine Fähigkeit zurück, deinen Organismus zu reinigen und zu heilen. Doch dein Heiler entzieht sich deinen Blicken. Er ist von einer leuchtenden Wolke umgeben, die ihn fremdartig und angenehm zugleich erscheinen lässt. Meist siehst du nur seine Hände, manchmal trifft dich ein freundlicher Blick. Seine heilenden Hände untersuchen deinen Körper und konzentrieren sich auf jene Stellen, die sich schwach fühlen. Du hast das Empfinden, dass ein Kissen aus Energie dich einhüllt... das deinem Körper neue Kraft und deinem Herzen Optimismus schenkt...
Tief in dir hörst du tröstende Worte, die du unmittelbar verstehst. Du erkennst die positive Kraft dieses Heilers. Sie erzeugt die Hoffnung in dir, dass du in der Lage sein wirst, deine Heilung auch allein vollenden zu können.
Du dankst für den Beistand und die Ermutigung.... Wieder allein hast du die Gewissheit, dass dein Körper sich verändert hat. Du spürst Ruhe, Frieden und den Wunsch, deine neuen Kräfte auf die Probe zu stellen.
Und wenn du bereit bist, atme ein Mal langsam aus... Öffne in deinem eigenen Rhythmus die Augen und sei wieder hier, erfrischt und wach.

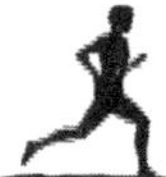

Heilendes Licht

Verletzte Athleten gehen durch eine seelisch bewegte Zeit. Häufig verleugnen sie zunächst den Ernst der Lage und reden sich ein, dass es nicht so schlimm ist. Wenn sie dann sehen, dass sie eine Zeit lang ernsthaft behindert sein werden, fragen sie sich: «Warum ausgerechnet ich?» Es folgen gute Vorsätze: «Wenn es mir schnell besser geht, werde ich nie wieder...» Wenn sich aber die Heilung hinzieht, beginnt oft eine Phase der Trauer. Und erst im fünften Schritt sind die meisten Athleten bereit, ihre Verletzung zu akzeptieren und etwas Positives aus diesem dramatischen Zwischenfall zu lernen. Die Realität anzuerkennen, ist das Beste, was sie tun können. Dadurch reift bei vielen die Bereitschaft, Hilfe anzunehmen und darauf zu vertrauen, dass der eigene Körper genügend Weisheit hat, sich selbst zu heilen.

Mach es dir im Liegen oder Sitzen bequem und schließ die Augen. Atme drei Mal langsam aus und gestatte Geist und Körper, sich behaglich zu entspannen.
Du kannst dich in der Phantasie an einen geheimen, sicheren Ort begeben, wo du ungestört bist, wo du offen sein kannst und bereit, ungewöhnliche Dinge zu erleben.
Wenn du es dir dort bequem gemacht hast, beginnt etwas Interessantes: Die Beleuchtung verändert sich; ein besonderes Licht kommt auf dich zu – von vorn und von allen Seiten. Nur du kannst feststellen, welche Farbe dieses Licht hat, ob es warm oder kalt, diffus oder konzentriert ist. Und weil dies dein persönlicher Platz ist, kannst du das Licht so einstellen, dass es die Intensität hat, die dir guttut...
Du weißt, dass dies ein heilendes Licht ist. Es verfügt über medizinisches Wissen und kann deinen Körper heilen. Es dringt durch deine Haut nach innen und heilt, was gesund werden soll.
Das Licht ist auch in der Lage, alles, was dein Körper nicht mehr

braucht oder was ihn belastet, zu entfernen – sanft und vorsichtig, leicht und präzise.

Lass dich von dem Licht berühren und zudecken, wärmen und reinigen... Lass dir von seinen Strahlen Hoffnung und Energie schenken. Lass das Licht mit der Weisheit deines Körpers kooperieren, damit deine Heilungssysteme ihre Arbeit tun können: Neues, kräftiges Blut, Schmerz lindernde Substanzen und frisches Knochenmark werden entstehen und du wirst eine neue, tiefe Lust am Leben empfinden... Vielleicht fühlt es sich für dich so an, als hätten sich eine kosmische Kraft oder mehrere Schutzengel deiner angenommen. Sie schenken dir ihre liebevolle Aufmerksamkeit, sodass deine Heilung schneller als erwartet vor sich geht.

Lass deinen Körper bis in alle Winkel in dieser heilenden Energie baden, die dein Immunsystem stärkt, die deinen Lebenswillen und deinen Optimismus weckt, sodass du stärker und stärker wirst... heute und in Zukunft... Und wenn das Licht seine wohltätige Arbeit getan hat, dann kannst du ihm danken und es weiterziehen lassen zu anderen, die auf Heilung und Wiederherstellung warten.

Nun ist es dir möglich, noch einmal langsam auszuatmen und in deinem eigenen Rhythmus die Augen zu öffnen. Sei wieder hier in diesem Raum, erfrischt und deinem Körper und deinem Unbewussten dankbar.

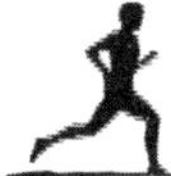

Rekonvaleszenz

Unsere Imagination unterstützt Heilungsprozesse, indem sie Ängste und andere belastende Gefühle reduziert. Auf diese Weise kann unser Kreislauf besser arbeiten und die Entspannung trägt dazu bei, dass wir ein positives Bild von unserer eigenen Gesundheit erhalten. Besonders wichtig ist die Zusammenarbeit zwischen Körper, Herz und Kopf, zwischen Bewusstsein und Unbewusstem. Ein solches integriertes Zusammenwirken gibt dem Organismus die Kraft, mit besonderen Herausforderungen schneller und effizienter zurechtzukommen.
In der folgenden Imagination stimmen wir die Teilnehmer auf eine positive Zukunft ein, in der alle Verletzungen geheilt und alle Krankheiten überstanden sein werden.

Mach es dir auf deinem Platz bequem und schließ die Augen. Atme drei Mal langsam aus...
Während deiner Rekonvaleszenz ist dir sicher aufgefallen, wie groß dein eigener Einfluss auf deinen Körper ist. Weit mehr als jeder Arzt hast du es in der Hand, deinen Körper zu beruhigen, anzuregen und in seiner Selbstheilung zu unterstützen. Du kannst Stressfaktoren ausschalten und deinen Körper mit Sympathie verwöhnen. Du kannst es zulassen, dass dein Unbewusstes mit deinem Körper in einer Sprache kommuniziert, die deinem Bewusstsein ein Rätsel bleiben wird.
Du weißt, wie wichtig es ist, dass du deinem Körper positive Botschaften sendest. Dein Körper möchte von dir hören, dass du an seiner Gesundung interessiert bist. Atme ein Mal langsam aus und mach es dir so bequem wie möglich, damit du jene Genesungsschritte unterstützen kannst, die dein Körper heute machen will.
Im Großen und Ganzen weißt du, wodurch du zu deiner Erkrankung oder zu deinem Unfall beigetragen hast.
Du hast darüber nachgedacht und bist dir im Klaren darüber, was

du in der Gegenwart tun musst, damit deine Genesung voranschreitet und du wieder das Gefühl von Lebensfreude und Lebenskraft bekommst.

Darum können wir uns heute der Zukunft zuwenden, jener Zeit, wo es dir so viel besser gehen wird. Du kannst diese wunderbare Zeit jetzt schon genießen. Berühre mit dem Zeigefinger leicht deine Lippen. Das ist das Zeichen, dass du einen großen Schritt in die Zukunft machst: Du hast dein Ziel erreicht und fühlst dich wieder wohl und gesund. Lass alle Teile deines Organismus an dem Gefühl teilhaben – Geist, Körper und Herz. Erlebe mit allen Sinne, wie du das Leben und den Sport genießt und all das tust, was du so gern und so gut tust.

Denk an deinen Sport und an die Teile des Trainings, die dir besonders viel Genuss bereiten.

Und stell dir vor, dass du wieder trainieren kannst, mit voller Konzentration und erneuter Kreativität – volle Kraft voraus.

Verbring etwas Zeit in dieser Zukunft. Erlebe sie, stürze dich hinein und genieße jeden Augenblick. Dann kannst du eine positive Botschaft an dich selbst senden, an dein Unbewusstes und an deinen Körper: Ich bin zurück, ich liebe das Leben.

In der nächsten Zeit kannst du diese Zukunft häufiger erleben, indem du dich entspannst und deiner Phantasie freien Lauf lässt. Das ist die Generalprobe für deine erfolgreiche Genesung.

Und wenn du bereit bist, dann atme jetzt ein Mal langsam aus und kehre in die Gegenwart zurück. Öffne in deinem eigenen Rhythmus die Augen und sei wieder hier, erfrischt und wach.

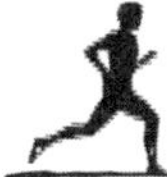

In den Schmerz atmen

Hier benutzen wir unseren Atem, um den Schmerz aufzulösen. Wenn wir uns verkrampfen, weil wir Angst vor dem Schmerz haben, dann wird der Schmerz stärker und er hält länger an. Eine akzeptierende Haltung kann dagegen Linderung, wenn nicht sogar Schmerzfreiheit bringen.

Mach es dir bequem, im Liegen oder im Sitzen, und schließ die Augen. Atme drei Mal langsam aus... Wenn dir im Augenblick nichts wehtut, dann erinnere dich bitte an eine Situation, wo du körperliche Schmerzen empfunden hast, die hartnäckig und unangenehm waren.
Gestatte deinem Atem nun, natürlich weiterzuströmen und achte auf die Signale, die dein Körper dir sendet. Die deutlichsten Signale werden von dem Teil des Körpers kommen, wo du den stärksten Schmerz empfindest...
Während du einatmest, stell dir vor, dass dein Atem direkt in den schmerzenden Körperteil fließt, so als ob du in deinen Nacken, in deinen Rücken oder in dein Kniegelenk atmen würdest. Spüre, wie du beim Einatmen kühle Luft in deinen Schmerz hineinschickst; und wenn du ausatmest, dann stell dir vor, dass die Hitze des Schmerzes mit der Atemluft hinausfließt.
Achte weiter auf deinen Atem und stell dir vor, dass du mitten in das Zentrum des Schmerzes hinein und direkt aus diesem Zentrum wieder ausatmest. Atme kühle Luft ein und heiße Luft aus; atme Ruhe und Frieden ein und atme Schmerz und Anspannung aus.
Besonders anfangs kann es sein, dass der Schmerz heftiger wird, wenn du dich auf ihn konzentrierst. Dann ist es gut, wenn du geduldig bist und ein wenig länger bei dem Schmerz verweilst, um durch die betroffene Stelle ein- und auszuatmen. Dein Körper kann dabei vollständig entspannt und locker bleiben. Bemerke, wie die Intensität des Schmerzes sich allmählich auflöst.

Manchmal schwillt der Schmerz ein paar Atemzüge lang an, dann atme langsam aus und spüre, wie entspannend das ist. Du kannst Entspannung und Gelassenheit noch verstärken, wenn du eine Hand auf deinen Bauch legst und bemerkst, wie sich deine Bauchdecke mit jedem Atemzyklus hebt und senkt.
Lass deine Aufmerksamkeit von Zeit zu Zeit zum Zentrum des Schmerzes wandern, und stell dir dabei vor, dass du genau an dieser Stelle aus- und einatmest. Lass dir so viel Zeit für die Betreuung deines Schmerzes, wie du brauchst. Behandle ihn wie ein lebendiges Wesen, das Beachtung finden möchte.
Und wenn du bereit bist, dann kannst du mit deiner Aufmerksamkeit wieder zurückkehren. Atme ein Mal langsam aus und öffne in deinem eigenen Rhythmus die Augen.

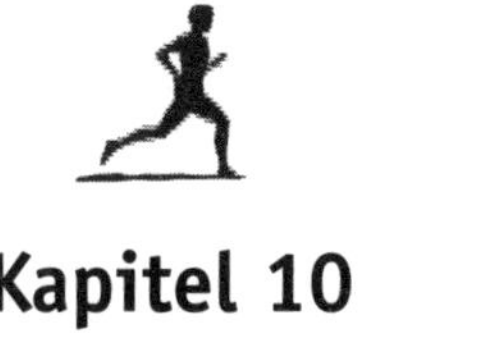

Kapitel 10
MENTALES TRAINING

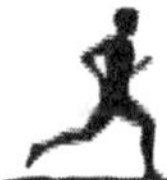

Fitness beginnt im Kopf

Der Sport im 21. Jahrhundert wird die mentale Seite der Athleten stärker berücksichtigen als das zuvor der Fall war. Meditation, effiziente Atemtechniken und schnell wirkende Entspannungsmethoden können das Lebensgefühl eines Sportlers wesentlich verändern. Das Bewusstsein erweitert sich, die eigenen Gefühle werden genauer wahrgenommen und die Lebenskraft wird deutlicher empfunden.

Mach es dir auf deinem Platz bequem und schließ die Augen. Atme drei Mal langsam aus...

Geh in der Erinnerung zurück zu einer Situation, in der du dich stark und vital gefühlt, wo du das Leben genossen hast, wo du von deinem Sport begeistert warst... Erinnere dich an die Menschen, mit denen du zusammen warst, an die Sportstätten, wo angetreten bist...

Spüre, wie die Energie durch deinen Körper strömt, spüre den kräftigen Schlag deines Herzens... Spüre die Vitalität deiner Lunge, wenn sie sich mit klarer, frischer Luft füllt.

Stell dir vor, wie du mit diesem vitalen Ich verschmilzt und erlebe seine sportliche Energie und seine Lebenskraft... Spüre, wie dein Kopf, dein Gesicht und deine Kiefermuskeln locker werden und gleichzeitig voller Energie... Bemerke, wie auch Schultern, Rücken- und Nackenmuskulatur locker und flexibel werden. Erinnere dich an das Gefühl von Kraft, Gesundheit und Vitalität; erinnere dich, wie du alles genießen konntest, die Luft, die Sonne auf deiner Haut, die Geräusche auf dem Trainingsgelände. Spüre, wie Optimismus durch deinen Körper strömt, vom Kopf bis in die Fingerspitzen und bis in deine Füße, überall dorthin, wo Muskeln und Sehnen Energie benötigen, um Außerordentliches zu leisten.

Spüre jetzt, wie sich diese Vitalität anfühlt, wie sie schmeckt, wie sie klingt, und finde ein Wort, das diese körperliche und geistige Verfassung für dich auf passende Weise ausdrückt... Und dann sage dieses Wort ein paar Mal zu dir selbst und verankere es in deinem Bewusstsein, indem du kurz deine Lippen berührst oder die Hand auf dein Herz legst. Diese Geste kann solche Momente in dir wachrufen, wo du auf dem Gipfel von Vitalität und Leistungskraft stehst, stark und glücklich, im Vollbesitz deiner Begabung...

Und nun atme ein Mal langsam aus und spüre, wie das Gefühl der Vitalität in einen angenehmen Zustand der Entspannung, der Wachheit und Neugier übergeht... Spüre diese Gefühle jetzt in deinem Körper und wisse, dass du sie jederzeit wieder wachrufen kannst, einfach indem du dich entspannst und zu Momenten der Vitalität und Leistungskraft zurückgehst. Und wenn du dann dein geheimes Wort sagst, weißt du, dass du alles in dir hast, was du brauchst, um im Training und im Wettkampf dein Potenzial zu entfalten. Genieße diesen Zustand, bei dem Körper und Geist, Herz und Gehirn so im Gleichklang sind. Denk daran, dass in der Kooperation der Schlüssel zum Erfolg liegt.

Und wenn du bereit bist, dann bewahre alle diese Dinge in deinem Gedächtnis auf und atme ein Mal langsam aus... Öffne in deinem eigenen Rhythmus die Augen und sei wieder hier, erfrischt und wach.

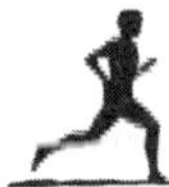

Energiedepot

Um die Lebensgeister der Athleten zu wecken, können wir zwischendurch auch sehr kurze Imaginationen benutzen, die wenig Zeit in Anspruch nehmen und trotzdem wirksam sind. Im Folgenden finden Sie sieben Energie-Meditationen, die überraschen, Neugier wecken und mutig stimmen. Diese Übungen sollten ein Mal in der Woche praktiziert werden, jeweils für zwei oder drei Minuten. Sie sollten allerdings nicht gemischt oder allzu häufig angewandt werden, denn dann würden sie ihre Wirkung verlieren. Eine Imagination kann über vier bis fünf Wochen wiederholt werden, dann erst die nächste usw.
Jede dieser imaginären Situationen hat ihren eigenen Reiz und das Potenzial, das Unbewusste zu stimulieren.

Mach es dir auf deinem Platz bequem und schließ die Augen. Atme ein Mal langsam aus...
Variante 1: Nimm einen goldenen Spaten und grabe damit in deinen Gefühlen. Nimm an dich, was du findest, und benutze es für dich. Dann öffne die Augen.
Variante 2: Entschärfe eine Bombe oder einen Blindgänger. Wenn du dazu Werkzeug brauchst, lass es aus Gold sein. Sei erfolgreich und öffne anschließend die Augen.
Variante 3: Steh auf einer großen Wiese. Bemerke, dass ein Tier auf dich zukommt. Begrüße das Tier und sieh, wie es wieder fortgeht. Dann öffne die Augen.
Variante 4: Treibe eine Herde wilder Pferde in eine Umzäunung, dann öffne die Augen.
Variante 5: Spiele einen anderen Menschen. Sage ein einziges Wort und öffne die Augen.
Variante 6: Dein ganzer Körper ist einbandagiert, nur dein Kopf ist frei. Wie fühlst du dich? Nimm die Bandage ab und mach daraus einen Ball. Dann öffne die Augen.

Variante 7: Stell dir vor, du streifst durch die afrikanische Savanne und beobachtest einen Leoparden. Schlüpfe in deiner Vorstellung in die Haut dieses königlichen Tieres. Bemerke, was dann geschieht. Öffne gestärkt deine Augen.

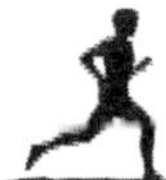

Den Wettkampf mental vorbereiten

Jeder von uns nimmt ständig sein eigenes Verhalten in der Vorstellung vorweg. Wenn wir durch eine Tür gehen, dann wissen wir, wie viel Platz wir haben, welche Handgriffe nötig sind, wie sich das anfühlt und was möglicherweise dabei geschieht. Diese Alltagsimaginationen verlaufen in der Regel so unbewusst wie die Steuerung von Atmung, Verdauung und Körpertemperatur. Beim Sport benutzen wir ähnliche mentale Strategien, mit dem Unterschied, dass wir uns dessen bewusst sind.
Für die mentale Vorbereitung eines Wettkampfs haben sich eine Reihe von Schritten bewährt, die wir im Folgenden skizzieren.

Mach es dir auf deinem Platz bequem und atme ein Mal langsam aus... Du kannst deine Augen offen oder geschlossen halten, wie es dir richtig erscheint. Die Imagination eines Wettkampfs beginnt mit der Akklimatisierung am Ort des Geschehens und endet mit dem Schritt auf das Siegerpodest.
In der Regel ist es hilfreich, wenn du weißt, was du mit einer Imagination erreichen willst und worum es dir beim Wettkampf geht. Das setzt voraus, dass du ein klares Bild davon hast, was zu tun ist. Dieses Bild kannst du auf verschiedene Weise bekommen, z. B.:

1. indem du die besten Athleten in deiner Disziplin live oder in einer Aufzeichnung beobachtest,
2. indem du dir Aufzeichnungen von eigenen Wettkämpfen anschaust, bei denen du erfolgreich warst.

All das kann dazu beitragen, dass du ein ideales inneres Bild erhältst. Dieses Bild sollte gewisse emotionale und ästhetische Qualitäten haben, damit dir das Betrachten tiefe Befriedigung und Vergnügen bereitet. Beides gehört zu den gesunden Motivationskräften im Sport. Wenn du dir ein klares Bild von der sportlichen Leistung verschafft hast, die du anstrebst, kannst du beginnen, dir eine Imagination zu kreieren, die genau dazu passt. Dabei geht es darum, dass du den gesamten Prozess deiner sportlichen Leistung in der Phantasie vor dir siehst: Stell dir das Wettkampfgelände vor; spüre das Wetter und die Atmosphäre, die Temperatur, die Gerüche.

Stell dir vor, dass du dich für den Wettkampf anwärmst, dass du dich reckst und streckst, dich konzentrierst, dass du meditierst, dass du all das tust, womit du dich gewöhnlich vorbereitest. Achte dabei auf deine Gefühle und versuche dir vorzustellen, wie du dich in eine gesammelte, optimistische, gelassene Stimmung bringst. Wenn du z. B. bemerkst, dass du während dieser Imagination nervös bist, dann kannst du eine der Übungen praktizieren, mit denen du schon erfolgreich Angst und Unruhe vertrieben hast...

Und dann stell dir vor, dass der Wettkampf beginnt. Achte auf alles, was du tust, und versuche, es in der Phantasie möglichst gut zu machen, genauso, wie du es dir wünschst.

Wenn du bemerkst, dass du in der Imagination einen Fehler machst, dann halte das Bild an und wiederhole die schwierige Szene. Manchmal ist es hilfreich, das Tempo bei der Wiederholung zu verlangsamen; manchmal hilft es, das Tempo leicht zu steigern; und in manchen Fällen sind beide Strategien im Wechsel angebracht.

Wenn du in der Vorstellung den gesamten Ablauf durchlebt hast, dann ist es wichtig, dass du am Ende dein Ziel perfekt erreichst. Bemerke, wie es sich anfühlt, wenn du es geschafft hast. Vielleicht gehörst du zu den Athleten, die es besonders genießen, wenn sie den eigenen Ansprüchen gerecht werden; vielleicht gehörst du aber auch zu jenen Athleten, die es genießen, wenn sie am Ziel ihrer Anstrengung den Beifall der Zuschauer entgegennehmen und anschließend als Sieger geehrt werden. Auch diese Vorstellung dient der Motivation, solange daraus keine emotionale Abhängigkeit wird.

Bei den Schlussszenen ist es wichtig, dass du dich auch an den Erfolgen deiner Konkurrenten erfreust und bereit bist, ihnen zu gratulieren.

Der Abschluss der Imagination soll in Ruhe und Würde vonstatten gehen. Stell dir vor, wie du dich lockerst und entspannst, wie du deinen Atem regulierst und deinen Puls normalisierst. Erlebe, wie du Schritt für Schritt das typische Ritual absolvierst, das du nach jedem Wettkampf praktizierst, und bemerke auch, was die Menschen um dich herum sagen oder emotional ausdrücken.

Wiederhole diese Imagination oder einzelne Teile daraus häufiger. Denke dann daran, auch solche Fälle vorzusehen, wo unerwartete Schwierigkeiten auftreten: Vielleicht ermüdest du schnell oder reagierst aus irgendeinem Grund ängstlich oder zornig. Überlege, wie du dir ein solides, emotionales Fundament schaffen kannst, um dem Stress der Wettkampfsituation gewachsen zu sein.
Am Ende deiner Imagination wirst du eine Reihe positiver Gefühle erleben: Selbstvertrauen, Fitness, Mut, Risikobereitschaft, Zufriedenheit, Zuneigung der Zuschauer und Mannschaftskameraden, Respekt und Achtung für Konkurrenten oder Schiedsrichter. Bemerke alle diese positiven Gefühle, damit du sie jederzeit wieder wachrufen kannst. Achte darauf, dass du dich nach jeder Imagination vollständig entspannst. Eine große Hilfe ist das langsame Ausatmen. Außerdem solltest du zum Abschluss Folgendes tun:

- Sprich dir selbst Anerkennung aus.
- Bedanke dich bei deinem Körper.
- Bedanke dich bei deinen Schutzengeln oder bei jenen höheren Mächten, an die du glaubst.
- Sende zum Schluss positive Gefühle und liebevolle Wünsche an die Menschen, die dich unterstützen. Diese emotionale Geste wird dir helfen und dafür sorgen, dass du deine Balance wiederfindest...

Und nun kannst du all diese Überlegungen und Ideen hinter dir lassen. Atme einmal langsam aus und öffne die Augen, wenn sie nicht schon geöffnet sind. Schau dich im Raum um, erfrischt und wach.

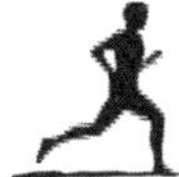

Solo-Imagination

Diese Imagination richtet sich an den einzelnen Athleten und berücksichtigt verschiedene typische Situationen.

Mach es dir auf deinem Platz bequem und schließ die Augen. Atme drei Mal langsam aus...
Denk jetzt an eine Zeit in deiner sportlichen Laufbahn, wo du richtig gut warst und dich selbst und andere überzeugen konntest. Schau zurück und sieh dich in dieser Zeit: Wie siehst du aus? Wie bist du gekleidet? Wer ist bei dir? Wo trainierst du und zu welchen Wettkämpfen trittst du an?... Erinnere dich, was damals gut klappte, weshalb du dich so gut fühltest und deinen Sport voll und ganz genießen konntest... Sieh auch die Umgebung vor dir, in der du damals agiert hast. Spüre noch einmal all die Kraft und Energie. Lass die alten Gefühle in dir wach werden. Lass alles zurückkommen – den Schwung... die Freude... den Stolz... die Geschicklichkeit... den Willen... Lass all das wieder ein Teil von dir sein, von deinem Sportsgeist, von deiner Leidenschaft. Spüre, dass du mit all dem verbunden bist...
Lass dir nun ein Wort einfallen oder einen kurzen Satz, der alle diese Gefühle und Bilder zusammenfasst, der dich mit dieser Zeit verbindet, als du das Geheimnis kanntest, den Schlüssel zum Erfolg. Sprich das Wort oder den Satz im Stillen ein paar Mal ganz langsam... und spüre dabei die Energie, die sich in deinem ganzen Körper ausbreitet...
Atme einmal langsam aus und denke an das Ziel, das du bei deinem nächsten Wettkampf erreichen möchtest... Sieh dir selbst zu, wie du dich auf diesen Wettkampf vorbereitest... Wo bist du und wie siehst du aus?... Sind Freunde bei dir oder Helfer?... Was sagen sie und wie ist ihre Stimmung?...
Mach dann die ersten Schritte, geh an den Start... Erlaube dir, gut zu sein und gleichzeitig Freude dabei zu empfinden. Sieh, wie du

dich Schritt für Schritt dem Ziel näherst, vollständig fehlerlos, souverän und sicher. Gestatte es dir, deinen Sport mehr zu lieben als den Erfolg. Genieße die Perfektion deiner Bewegungen, die Kraft deines Körpers, die Harmonie in deinen Aktionen. Sprich von Zeit zu Zeit im Stillen dein magisches Wort, das die alten Gefühle in dir wachruft, Gefühle von Meisterschaft, innerer Ruhe und vom Genuss überwundener Schwierigkeiten.

Lass dich von der Gewissheit beruhigen, dass du diese Gefühle der Kompetenz und der Kraft immer wieder wachrufen kannst, weil du dich gründlich vorbereitest und weil du drei wichtige Helfer hast: deinen Willen, dein Herz und deine Seele. Diese drei können jene Kreativität in dir wachrufen, die nicht durch Ehrgeiz erreicht wird...

Atme ein Mal langsam aus und stell dir vor, dass du dein Ziel erreicht hast. Wie fühlt sich das für dich an? Hör und sieh, wie Kameraden und Publikum auf dich reagieren und dir gratulieren... Spüre deine eigene Zufriedenheit, diesen Augenblick, wo du innehalten kannst, weil du angekommen bist. Gönn dir die Ruhe, das Loslassen... Spüre deinen Körper, deinen Atem... Atme langsam aus und genieße die besondere Mischung von Gefühlen, die bei jedem Wettkampf anders ist...

Versäume nicht, glücklich über den Ausgang des Wettkampfs, allen zu danken, die an deinem Erfolg beteiligt sind. Viele haben dazu beigetragen, dass dir das möglich war. Stell dich darauf ein, dich später direkt bei ihnen zu bedanken.

Wenn du bereit bist, dann atme noch einmal langsam aus und öffne in deinem eigenen Rhythmus die Augen und sei wieder hier, erfrischt und wach.

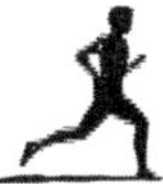

Das Team stärken

Die Mannschaftssportarten sind für die Zuschauer besonders fesselnd. Erfahrene Beobachter können schnell feststellen, wie gut die Kooperation im Team funktioniert, wer die gute Seele des Teams ist, wer sich eher wie ein Solist verhält, wie das Team auf Stress reagiert und wie sensibel Sportler unterstützt werden, die aus irgendeinem Grunde gerade Schwächen zeigen. Im Mannschaftssport wird all das sichtbar, was in den Gruppen des Alltags, in Familie und Büro auch stattfindet, dort aber oft in maskierter Form.
Ein gut kooperierendes Team im Sport ist für die Zuschauer ein Genuss und für die Spieler das Ziel ihrer Wünsche. Doch Teamgeist stellt sich nicht automatisch ein. Mannschaftskapitäne und Trainer haben die Aufgabe, ihn immer wieder neu zu beleben. Veränderungen in der Zusammensetzung wirken sich immer stark auf die Chemie im Team aus, ebenso wie Siege und Niederlagen, Verletzungen und Krankheiten das emotionale Klima des Teams, seine Widerstandskraft, seine Motivation und seine Lernbereitschaft beeinflussen. Eine positive Rolle können Imaginationen spielen, indem sie alle Beteiligten für das emotionale Leben des Teams sensibilisieren.

Mach es dir auf deinem Platz bequem und schließ die Augen. Atme drei Mal langsam aus... Denk nun bitte an einen wichtigen Wettkampf oder an ein besonderes Training zurück, als euer Team eng zusammenarbeitete, wie ein gutes Orchester... Jeder erfüllte seine Funktion, konzentriert, kraftvoll und kreativ... Jeder gab sein Bestes ohne Verbissenheit oder Aggressivität... Ruf dir diese Szenen in Erinnerung... Sieh das ganze Team vor dir... Höre die Stimmen der Sportkameraden... Sieh, wie sie sich beim Spiel perfekt aufeinander abstimmen... Es sind alles hervorragende Athleten, die ihren Ehrgeiz der Einheit des Teams unterordnen, die es genießen und tiefe Befriedigung darin finden, wenn der Zusammenhalt gut ist und die Kooperation wie im Schlaf funktioniert... Alle strengen sich an, unterstützen einander... ahnen, was der andere gerade braucht und lassen sich auch selbst unterstützen... Aber vor allem ist die Atmosphäre beeindruckend. Die Zuschauer erleben nicht nur Kooperation, sondern Kameradschaft, Freundlichkeit, gegenseitige Aufmunterung, Heiterkeit...

Alle Mitglieder im Team kennen sich... Sie vertrauen darauf, dass jeder sein Bestes gibt... Rivalitäten und Verstimmungen sind vergessen und vergeben... Alle wissen, dass niemand vollkommen ist; Fehler können jedem unterlaufen, langfristig behindern sie die Entwicklung des Teams nicht. Viel wichtiger ist das freundschaftliche Verhältnis im Team, die Kameradschaft und der gemeinsame Wille, zu lernen und besser zu werden. Der Wunsch zu lernen, motiviert das Team stärker als das Bedürfnis, nach außen zu glänzen. Die Spieler kennen den Unterschied zwischen einer sportlichen Show und echter sportlicher Leistung. Immer wieder ist zu beobachten, dass sie sich an den Leistungen ihrer Kollegen freuen...

Genieße die vielen Facetten eurer Kooperation und sei glücklich, dass du ein Mitglied des Teams bist... Spüre dein Glück auch im Körper, während du gemeinsam mit den anderen agierst und deine Aufgaben wahrnimmst... Spüre deine Energie und deine innere Ruhe als wertvolles und wichtiges Mitglied dieses erfolgreichen Teams... Spüre den Stolz auf deine eigene Leistung und darauf, dass du zu diesem Teams gehörst... Freue dich, dass der Sieg des Teams auch dein Sieg ist... Genieße diese Augenblicke, die sportlichen Höhepunkte, Sekunde für Sekunde, Schritt für Schritt, und spüre. dass du dich durch die Mitgliedschaft im Team als Persönlichkeit entwickelst, dass du kompetenter und interessanter wirst, respektiert und geschätzt, auch über das Team hinaus...

Atme einmal langsam aus und denke an die Ziele, die sich das Team gestellt hat. Denk daran, wie wichtig es ist, dass das Spiel Spaß macht, denn das lässt dich alle Mühsal vergessen. Erinnere dich an deinen Stolz, wenn das Team einen Sieg errungen hatte und nach harter Arbeit ausgezeichnet wurde, als Belohnung für gegenseitiges Vertrauen und Zuverlässigkeit...

Atme ein Mal langsam aus... Mach dir bewusst, dass du dich auf die anderen Spieler im Team verlassen kannst und dass du dafür sorgen willst, dass auch sie sich auf dich verlassen können. Betrachte es als großes Privileg, dass du zu diesem Team gehörst. Sei jedem im Team dankbar, auch dem Trainer, dem Masseur und allen, die für das Team wichtig sind, und nicht zuletzt den Familien und Freunden, die euren Weg begleiten.

Überlege dir nun ein Wort, das alle diese positiven Gefühle, diese ganze Atmosphäre ausdrücken kann... Und wenn du dieses Wort gefunden hast, dann sag es ein paar Mal im Stillen zu dir selbst... Höre es... fühle es in deinem Körper... und denke daran, dass dieses Wort die Kraft hat, dich in Zukunft zu inspirieren, wenn du Widerstandskraft und Optimismus benötigst...

Erinnere dich an alles, was das Team in der Vergangenheit geleistet und an alles, was es gelernt hat. Und denk vor allem daran, was du selbst durch dieses Team lernen konntest. Danke auch deinem Körper und deinem Geist, dass sie dir dazu verholfen haben, zu einem wertvollen Mitglied des Teams zu werden. So konntest du erfolgreich mitmachen, lernen und immer besser werden. Du konntest ein Wissen ansammeln, das weit über den Sport hinausreicht...

Atme ein Mal langsam aus und danke auch all den anderen Spielern für ihre Bereitschaft, mit dir zu kooperieren, in guten und in weniger guten Augenblicken...

Und nun lass langsam diese Bilder, diese Erinnerungen verblassen und komm mit deiner Aufmerksamkeit hierher zurück. Atme ein Mal langsam aus und öffne in deinem eigenen Rhythmus die Augen. Sei wieder hier, erfrischt und wach.

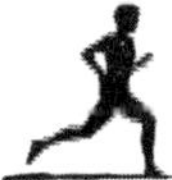

Teamgeist

In dieser Imagination stellen wir uns das Team als lebendiges Wesen vor, das atmet und Gefühle hat, das Energie aufnimmt und weitergibt. Durch diese Personifizierung können die Teilnehmer ihre Zugehörigkeit intensiv erleben.

Mach es dir auf deinem Platz bequem und schließ die Augen. Atme drei Mal langsam aus...
Und nun stell dir dein gesamtes Team vor. Sieh jeden Einzelnen dieses einzigartigen Teams vor dir... Denk an eure sportlichen Aktivitäten, an eure gemeinsamen Ziele, eure Kameradschaft, euer Engagement...
Team sein bedeutet zu teilen – Freuden und Sorgen, Privilegien und Verpflichtungen, Siege und Niederlagen... Jeder von uns ist daran beteiligt... Jeder ist beteiligt, jeder ist verantwortlich, jeder ist wichtig, das liegt in der Luft, unsichtbar und stark wie Magnetismus. Gestatte dir, diesen Team-Magnetismus zu spüren. Stell dir diesen Magnetismus vor – unsichtbar, aber wirksam... Er hält uns alle zusammen und vereint uns zu einem Team. Diese Energie umgibt jeden von uns, und obwohl sie unsichtbar ist, hat sie eine Form und ein eigenes Leben. Wir können sie auch Teamgeist nennen.
Atme ein Mal langsam aus... Stell dir nun vor, dass diese Mannschaft einen Teamgeist hat, der in vieler Hinsicht einem Lebewesen ähnelt. Was glaubst du: Wenn unser Teamgeist ein Tier wäre, welche Art Tier wäre er dann wohl? Oder wenn unser Teamgeist Menschengestalt annehmen würde, mit welcher Persönlichkeit hättest du es dann zu tun? Stell dir den Teamgeist als lebendiges Wesen vor mit eigenen Gefühlen: Wie ist dieses Wesen zu uns gekommen? Welche Aufgaben hat es hier? Welche Geschichte verbindet es mit uns?...
Diese Fragen kann niemand genau beantworten, und gerade das gibt dem Teamgeist seine Energie. Er hat seine Hand im Spiel,

wenn wir einen Sieg erringen und wenn wir ein Spiel verlieren. Darum ist es gut, dass jeder dem Teamgeist mit Respekt begegnet... Grüße auch du unseren Teamgeist. Er hat Eigenarten wie jeder unabhängige Geist. Er hat seine eigene Persönlichkeit, seine Talente, seine Bedürfnisse. Er hat Stimmungen und Leidenschaften. Manchmal ist er weise und manchmal närrisch. Stell dir unseren Teamgeist ganz genau vor und fass dir ein Herz, mit ihm zu sprechen. Wenn du Sorgen hast oder Fragen, dann kannst du sie dem Teamgeist vortragen...

In vielen Fällen ist der Teamgeist erfinderisch und kreativ. Vor allem vermag er die Begabungen, Talente und Stärken aller Teammitglieder zu fördern, zu entwickeln und miteinander zu kombinieren.

Doch der Teamgeist ist nicht immer aktiv. Es gibt Zeiten, wo er schläft oder nur kurz zu Besuch kommt.

Atme ein Mal langsam aus und stell dich darauf ein, dass der Teamgeist sich mit Vorliebe im Traum zeigt. Wenn du etwas Wichtiges klären willst, wenn du etwas verstehen willst oder Ermutigung brauchst, dann kannst du dem Teamgeist in deinen Träumen begegnen.

Der Teamgeist verfügt über ein langes Gedächtnis. Mancher Teamgeist hat nicht nur das aktuelle Team von Anfang an begleitet, sondern er war zuvor schon in anderen Teams zu Hause. Die Weisheit verschiedener Generationen hat Spuren in ihm hinterlassen. Doch der Teamgeist lebt nicht nur in der Vergangenheit, sondern auch in der Zukunft. Wenn du über deine Ziele nachdenkst, dann kannst du dieses Thema mit dem Teamgeist erörtern.

Am liebsten jedoch bewegt sich der Teamgeist in der Gegenwart. Er beobachtet das Team, seine Stimmung und die Art und Weise, wie es mit Fehlern umgeht und daraus lernt. Besonders wohl fühlt sich der Teamgeist, wenn die Mannschaft konstruktiv zusammenarbeitet und optimistisch ist. Der Teamgeist liebt es, wenn in einer Gruppe Vertrauen herrscht und Hilfsbereitschaft.

Jede Gruppe hat ihren eigenen Teamgeist. Diese Geister unterscheiden sich voneinander. Manche verfügen über einen starken Siegeswillen und haben das Bedürfnis, besser zu sein als ihre Rivalen; andere genießen jene besondere Stimmung, die «Flow» genannt wird, wenn die Athleten alles um sich herum vergessen, in ihrer

Aktivität aufgehen und wunschlos glücklich sind. Auch über diese Themen kannst du mit dem Teamgeist sprechen.
Danke nun dem Teamgeist dafür, dass er, wenn auch unsichtbar, deinem Team bisher beigestanden und ihm Mut und Inspiration geschenkt hat. Sage dem Teamgeist, dass du seine Hilfe zu schätzen weißt. Wünsch dir von ihm, dass die Zusammenarbeit zwischen den Teammitgliedern auch in Zukunft lebendig sein möge.
Komm nun mit deiner Aufmerksamkeit hierher zurück. Betrachte jeden Einzelnen und würdige alles, was dieser in das Team einbringt. Jeder leistet seinen spezifischen Beitrag, und diese Beiträge können nicht identisch sein. Dass daraus eine gemeinsame Aktion werden kann, ist immer wieder ein Wunder. Darum danke dem Team und denk darüber nach, was du ihm in Zukunft schenken willst...
Atme nun ein Mal langsam aus und öffne in deinem eigenen Rhythmus die Augen. Sei wieder hier, erfrischt und wach.

Anerkennung

Die Frage, wie der Zusammenhalt eines Teams verstärkt werden kann, ist von großer Bedeutung. Trotz der vielen Variablen, die dabei zu berücksichtigen sind, gibt es darauf einige einfache Antworten, die interessanterweise fast immer übersehen werden. Ein Grund dürfte darin liegen, dass die Sportler immer noch in der Tradition römischer Gladiatoren gesehen werden und weniger als sensible und kreative Bewegungskünstler.
Wenn die Mitglieder eines Teams beginnen, einander dankbar zu sein und dies auch auszudrücken, dann haben sie einen großen Schritt in Richtung auf Integration und Zusammengehörigkeit getan. In der folgenden Imagination wollen wir diesen Schritt vorbereiten.

Mach es dir auf deinem Platz bequem und schließ die Augen. Atme drei Mal langsam aus... Stell dir nun bitte unser komplettes Team vor, alle im Trainings- oder Wettkampfdress. Wir sind in einem Raum zusammen, unterhalten uns, schütteln einander die Hände, lächeln und ab und zu umarmen sich zwei Spieler. Die Atmosphäre ist gelöst, und in diesem Augenblick gibt es keine schwelenden Konflikte.
Atme ein Mal langsam aus und stell dir vor, dass du selbst im Raum herumgehst und zu jedem Teamkameraden trittst... Bei jedem bedankst du dich für alles, was er dem Team gibt und gegeben hat. Gleichzeitig drückst du aus, wie beglückend es für dich ist, Teil dieser Mannschaft zu sein. Du hast nun zwei Minuten Zeit, um Danke zu sagen, doch diese Zeit wird dir in der Vorstellung sehr viel länger vorkommen... (2 Minuten)
Stell dir nun vor, dass dein Team gegen irgendeinen ernst zu nehmenden Gegner spielt... Bemerke, wie die Kooperation klappt, wie ihr dafür sorgt, dass jeder erfolgreich agieren kann... Überprüfe, ob das vorausgegangene Dankesritual deinem Team in irgendeiner Weise Schwung und Elan gegeben hat... (1 Minute)

Lass nun alle diese Bilder verblassen und behalte nur die Frage im Sinn, ob du selbst genug Dank bekommst oder gibst. Atme ein Mal langsam aus und öffne dann in deinem eigenen Rhythmus die Augen. Sei wieder da, erfrischt und wach.

Anmerkung: Dieses Anerkennungsritual kann auch als Gruppenübung durchgeführt werden. Dabei sitzt das Team im Kreis. Nacheinander wendet sich jeder Sportler an seinen linken Nachbarn und drückt ihm seine Wertschätzung und seinen Dank aus. Es spricht immer nur einer zurzeit. Wenn alle einmal gesprochen haben, wird die Richtung geändert und jeder wendet sich an seinen rechten Nachbarn. Auf diese Weise bekommt jeder von zwei Teilnehmern Anerkennung und Dank.

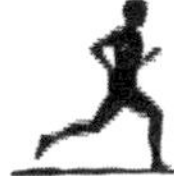

Der schweigende Tausendfüßler

Dies ist eine Bewegungsmeditation, die der Integration des Teams dient. Sowohl Leiter als auch Teilnehmer schweigen dabei, sodass wir nicht sagen können, welche Bilder, Gefühle und Gedanken den Einzelnen durch den Sinn gehen. Das Team verwandelt sich in eine schweigende Gemeinschaft, deren Aufgabe darin besteht, sich harmonisch zu bewegen und miteinander Kontakt zu halten. Ein wichtiges Ziel ist es, die anderen Spieler wortlos wahrzunehmen und auch ihre unsichtbare Präsenz zu spüren.
Dieses Experiment kann auf jedem Sportplatz durchgeführt werden oder auf einem Weg, der sich zum Joggen eignet. Diese Übung sollte etwa zwanzig Minuten dauern.

1. Das Team beginnt mit einer kurzen Anwärmphase, bei der Füße und Beine, Hüften und Schultern gelockert und erwärmt werden. (3-5 Minuten)
2. Die Teilnehmer stellen sich in einer Reihe auf, einer hinter dem anderen. Jeder konzentriert nun seine Aufmerksamkeit auf das Teammitglied unmittelbar vor ihm. Wir nennen diese Formation Tausendfüßler. Sobald sich der Tausendfüßler in Bewegung setzt, konzentriert sich jeder auf die Bewegungen des Vordermannes und versucht sie zu kopieren – Armschwünge, Schritttempo, Schrittweite, Kopfhaltung, bis hin zum Atemrhythmus.
3. Der Leiter übernimmt als Erster die Führung und stellt sich an die Spitze. Etwa zwei Minuten (oder für eine Strecke von 400 Metern) gibt er Geschwindigkeit, Körperhaltung und Schrittweite vor usw. (Bei sehr großen Teams sollte diese Zeit/Distanz entsprechend verkürzt werden.)
4. Danach geht der Leiter ans Ende des Tausendfüßlers. Nun wird die zweite Person in der Reihe zum Anführer und hat das Recht, einen neuen Rhythmus, eine neue Bewegung, eine neue Körperhaltung einzuführen und der Tausendfüßler kopiert ihn usw.

Der Tausendfüßler soll nicht stehen bleiben. Außerdem ist er stumm. Niemand spricht ein Wort. Auch der Wechsel an der Spitze erfolgt wortlos. Jeder konzentriert sich vollständig auf die Person vor sich und kopiert deren Bewegungen.

Gleichzeitig versucht jeder, die Präsenz der Teammitglieder intuitiv zu erspüren, die er nicht sehen kann.

Auf diese Weise entsteht eine positive Stimmung von Vertrautheit und Nähe.

Ein Körper

Diese Übung unterscheidet sich in einigen Punkten von der vorangehenden. Der Hauptunterschied besteht darin, dass sich das Team – bis auf den Leiter – blind bewegt. Das führt zu einem stark veränderten Bewusstsein und zu einem völlig neuen Teamerlebnis. Da die Teilnehmer nicht sehen können, werden automatisch Aufmerksamkeit und Sensibilität gesteigert. Gleichzeitig führt die Form der Bewegung zu einem intensiven Energieaustausch in der Gruppe. Das Schweigen sorgt dafür, dass die Konzentration von Minute zu Minute intensiver wird. Gleichzeitig geht die Kontrolle durch das rationale Denken zurück, sodass neue Dimensionen des Teambewusstseins erreicht werden. Trotz aller Einschränkungen fühlen sich die Teilnehmer frei und sie erleben den gemeinsamen Prozess intensiv. Mit geschlossenen Augen sehen wir manchmal mehr.
Für diese Übung braucht die Gruppe einen verantwortlichen Leiter, der keine Augenbinde bekommt. Das Gelände muss flach sein und frei von Hindernissen. Geeignet ist z. B. die Rasenfläche eines Sportplatzes oder eine Aschenbahn. Die Umgebung sollte möglichst ruhig sein, damit die Akteure nicht abgelenkt werden.

1. Alle tragen eine Augenbinde außer dem Leiter. Das Team stellt sich in einer Reihe hinter dem Leiter auf, einer hinter dem anderen. Jeder stellt den linken Fuß nach vorn. Der Abstand zwischen den Einzelnen beträgt ungefähr eine Armeslänge.
2. Jedes Teammitglied legt eine Hand auf die Schulter des Vordermannes. (Wichtig ist, dass die Hand dort locker liegt und nicht lastet.)
   Sobald alle in Position sind, wird nicht mehr gesprochen. Nun atmet jeder drei Mal langsam aus und gewöhnt sich an die Blindheit und die veränderte Situation. Dann startet der Leiter und alle anderen folgen ihm in synchronen Bewegungen.

3. Der Leiter sollte zunächst ein langsames Tempo wählen. Wer aus irgendeinem Grund nicht mitkommt, hat das Recht «Stopp» zu rufen. Dann bleibt die ganze Gruppe stehen, und der Leiter kümmert sich um den Betreffenden.
4. Der Leiter experimentiert mit verschiedenen Geschwindigkeiten, mit Bögen oder anderen Figuren. Veränderungen im Tempo oder in der Richtung sollen jedoch sanft erfolgen und nicht abrupt, damit alle folgen können. Die integrierende, emotionale Wirkung setzt erfahrungsgemäß nach etwa zehn Minuten ein, die Gesamtdauer sollte daher zwischen zwanzig und dreißig Minuten liegen.
5. Bei dieser Fortbewegungsart hat der rationale Geist wenig zu tun, und Gefühle, Intuition und Phantasie können sich entfalten.

Nach dem Ende des Experiments folgt eine kurze Pause von fünf Minuten. Dann sollte die Gruppe Gelegenheit bekommen, über dieses besondere Teamerlebnis zu sprechen.

Das Publikum

Zwischen Athleten und Publikum besteht eine unsichere Liebesbeziehung. Solange der Athlet die geheimen Wünsche und Illusionen des Publikums erfüllt, genießt er Zustimmung und Verehrung, aber wenn er seine Fans enttäuscht und ihre Erwartungen durchkreuzt, dann erntet er Kritik, Zorn und manchmal sogar Verachtung. Aus der Sicht des Athleten ist das Publikum ein labiler Partner. Der Athlet möchte Beachtung und Zustimmung finden. Aber oft wird das Publikum wie ein distanzierter Vater erlebt, bereit zu kritisieren, Verbesserungsvorschläge zu machen und den Stab über dem armen Athleten zu brechen. Zum Glück gibt es immer wieder Menschen, die Einfühlungsvermögen aufbringen, die verstehen, wie schwierig es ist, die Unsicherheit und Einsamkeit eines Athletendaseins auszuhalten, und wie schwierig es ist, berufliche Alternativen für ein Leben nach dem Sport zu entwickeln.
In dieser Imagination versuchen wir, das Verhältnis zum Publikum etwas zu entkrampfen.

Mach es dir auf deinem Platz bequem und schließ die Augen. Atme drei Mal langsam aus...
Denk bitte an einen deiner Wettkämpfe aus der letzten Zeit zurück. Erinnere dich daran, was zwischen dir und dem Publikum geschah. Hast du die Beziehung zu deinem Publikum als gut empfunden? Hast du Wohlwollen, Unterstützung und Begeisterung erfahren oder eher kritische Distanz und Feindseligkeit? Woran erkennst du die Stimmung des Publikums? Kannst du zwischen einem positiv und einem negativ gestimmten Publikum unterscheiden?
Erinnere dich auch, welche Signale du mit deinem Publikum ausgetauscht hast. Hast du dein Publikum begrüßt? Hast du ihm später irgendwelche Botschaften über deine Verfassung gesendet? Kannst du dich an eine Situation erinnern, wo du das Gefühl hattest, dass das Publikum dir nahe ist?

Atme ein Mal langsam aus und mach dich bereit, mit deinem Publikum zusammenzukommen. Sieh dich noch einmal bei diesem Wettkampf und stell dir vor, dass du vor deinem Auftritt auf eine Gruppe von Zuschauern zugehst... Kannst du die einzelnen Personen erkennen? Kannst du ihre Gesichter sehen? Hast du es mit Männern oder mit Frauen zu tun?
Lass die Gruppe nun wissen, dass du dich mit einer Person unterhalten möchtest. Warte ab, wer die Initiative ergreift und sich zur Verfügung stellt. Du kannst entscheiden, ob die Übrigen diesem Gespräch zuhören sollen oder nicht.
Vielleicht möchtest du das Gespräch selbst eröffnen und deinem Gesprächspartner ein paar Dinge über dich mitteilen, die ein Fan von dir wissen sollte... (2 Minuten)
Nun kannst du den Spieß umdrehen und den Zuschauer bitten, dir ein paar Informationen über sein Leben zu geben, über seine Liebe zum Sport und speziell über das Interesse an dir. Hör einfach zu und lass dich überraschen, und bemerke, wie dir dieser direkte Kontakt gefällt... (2 Minuten)
Vergiss nicht, dich für das Gespräch zu bedanken. Lass die Bilder vom Publikum und deine Gedanken daran langsam wieder in den Hintergrund treten. Wenn du dann bereit bist, atme ein Mal langsam aus... Öffne die Augen in deinem eigenen Rhythmus und sei wieder hier, erfrischt und wach.

Sportlicher Wettbewerb

Viele von uns glauben, dass das wichtigste Ziel im Sport darin besteht, Sieger zu sein. Doch das ist übertrieben. Wettbewerb gehört sicher zu den typischen Merkmalen des Sports, aber man könnte auch sagen, dass er eher die zweite Stimme in einem vielstimmigen Konzert ist. Der Wettbewerb führt zu einer gewissen Dramatik. Durch die Unsicherheit des Ausgangs werden Spannung und Stress erzeugt. Vielleicht hat der Sport das Konkurrenzprinzip aus der Evolution übernommen. Wer möchte nicht siegen und sich unvergesslich machen? Gleichzeitig mit dem Konkurrenzprinzip ist es aber auch zu so etwas wie einem Sündenfall im Sport gekommen. Die damit verbundene Aufregung kann das Hochgefühl im Handumdrehen zerstören. Gleichzeitig ist die Dynamik von Sieg und Niederlage das Einfallstor für Doping, Wettbetrug, nationale Feindschaft und rassistische Vorurteile. In der buddhistischen Psychologie begegnen wir paradoxen Einsichten, die zu einer entspannten Haltung beitragen können:

- *Wenn du deinen zwanghaften Siegeswillen aufgibst, erlebst du weniger Anspannung, Stress und Angst, und verbesserst deine Chancen zu siegen.*
- *Wenn du darauf verzichtest, unbedingt ein Star sein zu wollen, dann kannst du vielleicht einer werden.*
- *Wenn du hervorragende Ergebnisse wünschst, dann verzichte auf Machtspiele. Sei locker und warte auf deinen Erfolg.*

Mach es dir auf deinem Platz bequem und schließ die Augen. Atme drei Mal langsam aus...

Geh in der Zeit zurück... Denk an einen Wettkampf aus dem letzten Jahr und erinnere dich an einen deiner Gegner. Sieh ihn vor dir und sprich zu ihm: «Wir sind heute zusammengekommen, um einander zu helfen, in unserer Disziplin etwas besser zu werden.» Dann stell dir vor, dass du deinem Konkurrenten in die Augen

schaust und ihm die Hand reichst. Und wenn du besonders mutig bist, dann umarme ihn – schließlich stellt er sich diesem Wettbewerb gemeinsam mit dir. Empfinde Dank dafür, dass dieser Kollege sich dir zur Verfügung stellt, damit du dein Bestes geben kannst.
Atme ein Mal langsam aus und stell dir vor, dass dein Gegner lächelt und seine Zufriedenheit äußert, dass du dasselbe für ihn tust. Ihr beide seid euch wortlos einig, dass ihr alles tun werdet, um euch fair auseinanderzusetzen.
Ihr habt beide das Ziel, den Kampf zu gewinnen. Vielleicht ist es sogar so, dass ihr beide gleich begabt und gleicht gut trainiert seid. Das garantiert euch einen interessanten und beglückenden Wettkampf.
Stell dir vor, dass jetzt der Wettbewerb stattfindet. Spüre, wie deine Lebensgeister und Instinkte wach werden und wie beruhigend es ist, gegen jemanden anzutreten, dem du vertrauen kannst...
Stell dir nun vor, dass der Wettkampf zu Ende geht. Lass offen, wer bei diesem Kräftemessen gewonnen hat. Danke deinem Konkurrenten und sprich ihm deine Anerkennung aus für seine hervorragende und faire Leistung. Sag ihm, dass du es genossen hast, dich mit ihm zu messen.
Lass nun diese Bilder verblassen und in den Hintergrund treten. Und wenn du bereit bist, atme ein Mal langsam aus und öffne die Augen. Sei wieder hier, erfrischt und wach.

Die goldenen Schuhe

Hier haben die Teilnehmer Gelegenheit, einen zukünftigen sportlichen Erfolg in der Gegenwart zu erleben, zu genießen und zu feiern. Die Zweifel an der Erreichbarkeit dieses Ziels können dadurch geringer werden. Die goldenen Schuhen sind eine Metapher, die dem Unbewussten signalisiert: «Auch dir ist mehr möglich, als du vielleicht glaubst.» (Diese Übung sollte in den letzten Wochen vor einem Wettkampf ein Mal täglich praktiziert werden.)

Mach es dir auf deinem Platz bequem und schließ die Augen. Atme drei Mal langsam aus...
Denk nun an ein wichtiges sportliches Ziel, das du erreichen kannst, wenn du gut trainierst, fit bleibst und ein bisschen Glück hast. In welcher Form musst du dafür trainieren?
Stell dir vor, dass du dein Training beginnst und den Trainingsprozess von Minute zu Minute achtsam begleitest. Konzentriere dich auch auf den Genuss und die Freude, die dir dein Training bereitet. Denk daran, dass die Freude am Training eine wichtige Voraussetzung für den Erfolg ist.
Konzentriere dich auf deine Etappenziele und bemerke, wie du dich jedes Mal verbesserst: Sieh, wie deine Bewegungen fließender werden, selbstverständlicher und ästhetischer.
Glaube daran, dass du talentiert bist und deinen Sport liebst... Wie schön, dass du deine Vorbereitung genießen kannst, ganz unabhängig davon, wie später der offizielle Wettkampf ausgehen wird.
Nachdem du eine ganze Weile in der Phantasie trainiert hast, kannst du jetzt deine Fortschritte testen. Durchlebe in der Vorstellung den gesamten Ablauf des Wettbewerbs und hebe dein Leistungsniveau ein wenig an. Geh über die Grenzen hinaus, die du bisher beim Training erlebt hast. Damit das klappt, habe ich ein besonderes Instrument für dich: Stell dir vor, dass du mit ganz besonderen Schuhen trainierst, die keine Ausrüstungsfirma herstel-

len kann. Es sind goldene Schuhe, die dich beflügeln und dir die Fähigkeit geben, über das Übliche und Gewohnte hinauszugehen. Die goldenen Schuhe strahlen ein goldenes Licht aus und sie haben genau die Eigenschaften, die für dich optimal sind. Probiere aus, was dir mit den goldenen Schuhen möglich ist, und bemerke, dass du deine Ziele nun mit mehr Lockerheit erreichen kannst... (30 Sekunden)
Sieh und erlebe, dass du mehr erreicht hast, als du zu hoffen wagtest. Bade in diesem Erfolg und in diesem Glück und sage zu dir selbst: «Dies ist mein Augenblick. Ich genieße meinen Sport und mein Training in vollen Zügen. Ich weiß, dass sich alle, die mich kennen, mit mir freuen und ich wünsche meinen Sportkameraden ebenfalls Glück und Erfolg.»
Und wenn du bereit bist, dann atme ein Mal langsam aus... Öffne in deinem eigenen Rhythmus die Augen und sei wieder hier, erfrischt und wach.

Formtief

Formtiefs können sehr unterschiedliche Gründe haben. Alle Athleten fürchten dieses Phänomen. Ihre Leistungen fallen dann steil ab und bleiben über einen gewissen Zeitraum auf niedrigem Niveau. Mit starkem Willen allein schaffen es die wenigsten Sportler aus einer solchen Krise. Am erfolgversprechendsten ist eine geduldige Selbsterforschung, sowie Gespräche mit Freunden, einem guten Coach und weisen Sportkollegen.
Fast immer bewährt es sich, wenn der betreffende Sportler sich die Zeit nimmt zu meditieren. Das führt zu einer tiefen Entspannung und zu einem Rückgang negativer Gefühle. Die eigenen, natürlichen Rhythmen können sich wieder einstellen. Wenn der Sportler darauf verzichtet, seine Krise zu bekämpfen, kann er zu wichtigen Einsichten kommen und nach einem Formtief besser sein als vorher. In vielen Fällen hat sich auch die folgende Imagination bewährt.

Mach es dir auf deinem Platz bequem und schließ die Augen. Atme drei Mal langsam aus...
Stell dir vor, dass du vor einem Bildschirm sitzt. Du siehst eine Aufzeichnung davon, wie du in deiner Disziplin agierst, wenn du in einem Formtief steckst. Stell die Geschwindigkeit der Wiedergabe so ein, dass du dich selbst in aller Ruhe und mit wohlwollender Objektivität betrachten kannst, sowohl die geglückten Passagen als auch die typischen Fehler. Wenn du deine Fehler betrachtest, dann verzichte bitte auf negative Kommentare, mach dir keine Vorwürfe und beschimpf dich nicht. Gestatte dir, beim Betrachten der Trainingsaufzeichnung ganz locker und neugierig zu sein...
Stopp nun die Wiedergabe und schau dir eine andere Aufnahme aus einer Zeit an, wo deine Leistungen gut oder sogar perfekt waren. Freu dich daran und lass das Band immer schneller laufen, bis du dir dabei zuschauen kannst, wie du dich in Echtzeit bewegst. Genieße diese Erinnerung und schau dir die Aufzeichnung mehr-

fach an. Bemühe dich dabei um eine ruhige, objektive Betrachtung. Atme ein Mal langsam aus...

Betrachte den Bildschirm und sieh nun eine Aufnahme aus der Zukunft, wenn du wieder in der Lage sein wirst, erfolgreich zu agieren. Versuche auch die Stimmung und die Gedanken zu spüren, die du dabei erleben wirst. Wenn du Lust darauf hast, kannst du dir nun für ein paar Minuten vorstellen, dass du in diesem Augenblick in deinem zukünftigen Körper steckst und all die Fertigkeiten physisch beherrscht, die du vorher mental praktiziert hast...

Und wenn du bereit bist, dann atme ein Mal langsam aus... Öffne in deinem eigenen Rhythmus die Augen und sei wieder hier, erfrischt und wach.

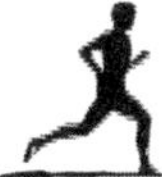

Konzentrationsschwäche

Eine Störung der Konzentrationsfähigkeit zieht automatisch ein Formtief nach sich. Oft sind die betroffenen Sportler unsicher, welche Ursachen ihrer Krise zugrunde liegen. Sportler mit einer gewissen Fähigkeit zur Innenschau suchen die Gründe in den eigenen Gefühlen und Gedanken, während andere diese Gründe außerhalb ihrer eigenen Psyche suchen. Hier ist ein wichtiges Betätigungsfeld für Trainer und Sportpsychologen. Ihre Aufgabe ist es, den Betroffenen taktvoll zu unterstützen und sein Verständnis für die eigene emotionale und mentale Entwicklung zu wecken. Zwei Dinge können bei Konzentrationsschwäche helfen:

- *Gesunder Schlaf; er ist wichtig für die Regeneration eines belasteten Organismus.*
- *Die Beschäftigung mit unseren Träumen; sie erleichtert uns den Einblick in die Bedürfnisse unserer Psyche.*

Mach es dir auf deinem Platz bequem und schließ die Augen. Atme drei Mal tief aus und prüfe den augenblicklichen Zustand deines Organismus. An welchen Stellen spürst du Müdigkeit, an welchen Wachheit?... Gibt es Stellen in deinem Körper, wo du die Lebenskraft frei strömen fühlst?

Manchmal schlafen wir zu wenig bzw. nicht tief genug. Manchmal arbeitet unser Gehirn auch in Ruhezeiten so intensiv, dass es sich nicht ausreichend erfrischen kann. Dann müssen wir lernen, erholsam zu schlafen. Natürlich kennst du gesunden, erfrischenden Schlaf und du weißt, dass dein Körper ihn liebt. Manchmal sehnt er sich richtig danach. Für ihn ist Schlaf ein Geschenk. Aber auch deine Gefühle lieben den Schlaf, die Geborgenheit, die Stille, den Trost und die Erfrischung durch einen gesunden, entspannenden Schlaf...

Im Schlaf findet das Wunder der Erholung statt und im Schlaf bieten die Träume uns ihre Unterstützung an, ob wir uns am Morgen an sie erinnern oder nicht. Schlaf ist ein Geschenk der Natur und Träume sind ein Geschenk des Schlafes...

Lass deinen ganzen Organismus glücklich lächeln, wenn du daran denkst, wie schön es ist zu schlafen. Das Hineinsinken in die Nacht und das Wiederauftauchen in den neuen Tag. Der Schlaf sorgt dafür, dass du frisch und voller Energie den Tag beginnst und dich auf dein Training konzentrieren kannst. Denk zurück, wie oft dein Körper das wunderbare Geschenk des Schlafes vollkommen genießen konnte. Stell dir vor, was du brauchst, um loszulassen, um die Kontrolle aufzugeben und dich für einen erfrischenden, erholsamen Schlaf zu öffnen.

Wie sieht der optimale Rhythmus zwischen Wachsein und Schlafen für dich aus?... Weißt du, wie viel Schlaf du brauchst?... Was würde dein Organismus sagen, wenn er über dein augenblickliches Schlafbedürfnis befragt würde...?

Atme ein Mal langsam aus und stell dir vor, dass du ganz und gar zur Ruhe kommst und dich deinem Schlaf anvertraust. Und wenn irgendein Teil von dir noch unruhig ist, dann sprich mit ihm... Sag ihm, dass es immer ein Morgen gibt, mit neuen Kräften und frischem Schwung... Stell dir vor, dass du alle Themen, Sorgen und Ängste loslässt und dir sogar gestattest, langsamer zu atmen... In dieser Ruhe kann dein Organismus Müdigkeit und Erschöpfung auf geheimnisvolle Weise in ruhige Kraft und frische Energie umwandeln.

Manchmal hast du vielleicht Lust, einen Blick in die Welt deiner Träume zu tun. Träume sind nicht begrenzt durch Zeit und Raum. Sie können dich in ganz neue Welten führen. Sie können dir Mut machen, dir Einsichten bringen, dir die Richtung anzeigen. Sie sind ein wichtiges Geschenk... Sie verarbeiten das, was vorüber ist, aber sie bereiten uns auch auf das vor, was noch kommt. Sie helfen uns, das Leben aus einer neuen Perspektive zu sehen und herauszufinden, was wir wissen müssen. Wenn du dich näher mit deinen Träumen anfreunden willst, dann kannst du dir vornehmen, sie im Gedächtnis zu behalten. Halte auf dem Nachttisch ein Notizbuch bereit, um deinen Traum zu notieren. Atme ein Mal langsam aus und überlege, ob du eine bestimmte Frage hast, ein wichtiges Thema, eine Sorge, zu der deine Träume etwas sagen könnten. Wenn das der Fall ist, dann kannst du deine Träume einladen, sich

mit diesem Thema zu beschäftigen. Manchmal verstehen wir einen Traum nicht sofort. Dann brauchen wir eine gewisse Zeit, um seine Botschaft zu entschlüsseln. Auf jeden Fall schenkt der Traum dir neue Hoffnung, denn wenn wir unseren Gefühlen und Lebensthemen Zeit und Aufmerksamkeit schenken, gewinnen wir an Energie und sind zu besseren sportlichen Leistungen fähig. Niemand kann erfolgreich sein und alles andere dabei vergessen. Im Gegenteil: Tüchtige Sportler sind Künstler wie Musiker, Maler oder Schauspieler und ihre Kunst kann sich nur dann entfalten, wenn auch die verborgenen Teile der Persönlichkeit beachtet werden.
Und wenn du bereit bist, dann atme ein Mal langsam aus, öffne in deinem eigenen Rhythmus die Augen und sei wieder hier, erfrischt und wach.

Bewegende Augenblicke

Sport kann großes Vergnügen bereiten, und die meisten Menschen entscheiden sich aus diesen Gründen dafür. Stress und Anspannung des Alltags werden dabei vergessen, Sorgen und Ärgernisse treten in den Hintergrund, und wer besonderes Glück hat, der erlebt «Flow» dabei.
Sport ist Spiel, im Unterschied zum Ernst des Alltags. Allerdings geht die spielerische Komponente leicht verloren, wenn der Leistungsgedanke dominiert, wenn der Gedanke an Siege und Rekorde in den Vordergrund tritt. Heute ist der Leistungssport hochgradig kommerzialisiert und in einem gewissen Maße auch politisiert. Professionelle Athleten bewegen sich in einem globalisierten System, in dem es um Macht und Geld geht. Doch verantwortungsvolle Trainer und Sportlehrer versuchen, den Spaßfaktor für ihre Vereinsmitglieder und Schüler zu retten.
In dieser Imagination erinnern sich die Teilnehmer an Sporterlebnisse, die sie genießen konnten, die bewegend waren, die vielleicht sogar eine gewisse spirituelle Bedeutung bekamen.
Diese Erinnerung macht gute Laune und hebt die Moral. Sie ist besonders nützlich für Sportler, die ein wichtiges Spiel verloren haben, die deprimiert sind oder verletzt wurden. Schließlich ist sie geeignet für jeden, der seinen Optimismus beleben und sich bestätigen möchte, dass das Leben schön ist.

Mach es dir auf deinem Platz bequem und schließ die Augen. Atme drei Mal langsam aus...
Nun denk bitte zurück an jene Augenblicke in deinem Leben als Sportler, wo du vollständig glücklich warst in deinem Sport, wo du dich lebendig fühltest, wo du deinen Körper spürtest und wo dir alles glückte und du dich nicht anstrengen musstest, weil du von deiner Begeisterung getragen wurdest. Denk zurück an Situationen, in denen du Dankbarkeit empfunden hast, dass du diese Disziplin

ausüben konntest. Erinnere dich an Zeiten, wo dich die Schönheit der Bewegung, die Schönheit eines Spiels, die Schönheit der gemeinsamen Aktion beeindruckt hat. Erinnere dich an solche Augenblicke, in denen du tief bewegt warst, weil alles so war, wie es sein soll: scheinbar anstrengungslos, ohne Kampf, ohne Tricks, ohne Aggression. Erinnere dich an Momente der Schwerelosigkeit, wo du die Zeit vergessen hast, wo du mit dir selbst im Einklang warst und mit deinen Mitspielern, ja sogar mit deinen Kontrahenten, an Momente, wo sich alles wie von selbst ergab, wo du Kraft spürtest ohne Erschöpfung, wo du Neues erprobtest, ohne vorher lange überlegen zu müssen.

In deinen Sternstunden gab es vieles, was dich begeisterte - die Kraft und Beweglichkeit deines Körpers, das Zusammenspiel mit den anderen, die Atmosphäre von Fairness und Freundlichkeit, Augenblicke, wo dir alles, was du in langen Jahren gelernt hattest, zur Verfügung stand. Spüre diese wertvollen Augenblicke noch einmal - Augenblicke, wo deine Haut vor Glück kribbelte, wo die Atmosphäre einen besonderen Duft hatte, wo die Farben um dich herum intensiver leuchteten und du Stimmen und Geräusche klarer und intensiver hören konntest. Erlebe diese schönen Augenblicke noch einmal. Vielleicht auch jene Momente, als du einen Wettbewerb gewonnen hattest, als du die Anerkennung und die Bewunderung bekamst, die du verdienst.

Atme ein Mal langsam aus und spüre, wie sich dein Herz öffnet. Du spürst ein Gefühl der Dankbarkeit für alle, die dir solche Erlebnisse ermöglicht haben. In solchen Augenblicken erlebst du ein besonderes Glück, das unvergleichlich ist. Zu einem Teil hast du dieses Glück selbst herbeigeführt, aber dir ist bewusst, dass dir viele andere dabei geholfen haben.

Und nun lass diese Bilder und Erinnerungen in den Hintergrund treten. Wenn du bereit bist, dann atme ein Mal langsam aus... Öffne in deinem eigenen Rhythmus die Augen und sei wieder hier, erfrischt und wach.

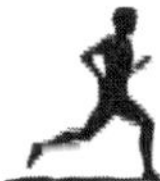

Der Geschmack des Sieges

Ein Sieg ist für jeden Sportler mit anderen Gefühlen verbunden. Mancher empfindet ihn als Belohnung für gewissenhaftes und anstrengendes Training; mancher betrachtet ihn als Bestätigung seines persönlichen Wertes; ein anderer sieht darin den Beweis seiner Überlegenheit. Problematisch wird der Wunsch zu siegen erst dann, wenn er stärker ist als die Freude am Sport selbst und als die Freude an der Kooperation mit dem Team. Vor allem bei jüngeren Menschen tragen sportliche Erfolge zur Entwicklung des Selbstbewusstseins bei.
Durchaus nicht alle Menschen sind in der Lage, einen sportlichen Sieg (oder andere Auszeichnungen) in vollen Zügen zu genießen. Viele reagieren ambivalent, mit einer Spur von Angst und schlechtem Gewissen. Geeignete Imaginationen können uns helfen, dass wir unsere Siege genießen können.

Mach es dir auf deinem Platz bequem und schließ die Augen. Atme drei Mal langsam aus...
Erinnere dich an einen sportlichen Erfolg, den du besonders genossen hast. Denk an einen Wettkampf zurück, aus dem du als Sieger hervorgingst. Geh in Gedanken noch einmal in diese Situation; spüre deinen Herzschlag, deine Erregung, deine Befriedigung, dein Glück... Dieses erhebende Gefühl kannst du wieder genießen, immer wieder, solange du dich an Wettkämpfen beteiligst.
Denk jetzt einfach an einen bevorstehenden Wettkampf und durchlaufe ihn in seinen einzelnen Phasen; spüre deinen Körper; spüre deine Muskeln, das Strömen deines Blutes, die Kraft deines Atems; sei im Vollbesitz deines mentalen und physischen Leistungsvermögens... (30 Sekunden)
Geh nun in die Schlussphase und spüre, wie du die letzten Hürden nimmst, wie du die letzten Prüfungen erfolgreich meisterst und wie du am Ende tatsächlich siegst.

Du hast erreicht, was du dir vorgenommen hattest, nämlich zu siegen. Gleichzeitig weißt du, dass du noch nicht fertig bist. Vielleicht musst du dir gratulieren lassen, du musst Hände schütteln und dich bei allen bedanken, die dich unterstützt haben. Darum ist ein Teil deiner Aufmerksamkeit nach außen gerichtet. Du spürst, dass du die Verpflichtung hast, ein würdiges Bild abzugeben. Und vielleicht gehört dazu auch, dass du dich bei deinem Rivalen bedankst, dass er sich gemeinsam mit dir diesem Wettkampf gestellt hat. Ohne seine Bereitschaft könntest du diesen Erfolg nicht feiern. Dein Rivale hat dich inspiriert und vielleicht hat er dir durch sein faires Verhalten auch Sicherheit gegeben. Geh darum in deiner Vorstellung auf deinen Rivalen zu und danke ihm für diesen fairen Wettkampf.

Atme ein Mal langsam aus... Später wirst du Gelegenheit haben, auch den anderen Beteiligten zu danken. Nimm dir jetzt zunächst Zeit, deinen Sieg voll und ganz zu genießen. Atme deinen Erfolg in jede Zelle deines Körpers, lass ihn mit deinem Blutstrom in die feinsten Verzweigungen deiner Muskeln hineinströmen. Du hast dein Bestes gegeben und jetzt bist du berechtigt, die Früchte deiner Anstrengungen zu genießen. Stell dir vor, wie du in den kommenden Stunden weitere Gratulationen und weiteres Feedback entgegennimmst. Du staunst darüber, wie viele Menschen sich mit dir freuen... Lächle sie alle an und danke ihnen, dass sie dein Glück teilen. Achte auch darauf, dass du dein Team und alle, die dich unterstützt haben, an deinem Erfolg beteiligst. Spüre, wie gut es war, dass alle diese Menschen dich begleitet haben, und wie angenehm es ist, den Sieg gemeinsam zu feiern. Atme ein Mal langsam aus und rufe dir ins Gedächtnis, dass der Grundgedanke des Sports und aller Wettkämpfe die gemeinsame Aktion ist, die Kooperation mit Gleichgesinnten.

Konzentriere dich nun auf deinen Atem. Lass das Gefühl von Zuversicht und Stolz auf deinen Sieg in deinem gesamten Organismus weiter anwachsen. Spüre das leichte Kribbeln der Lebensfreude, die du dir selbst und allen anderen verschafft hast.

Und wenn du bereit bist, dann atme ein Mal langsam aus... Öffne in deinem eigenen Rhythmus die Augen und sei wieder da, erfrischt und wach.

Mehr Übungen, Spiele und Imaginationen

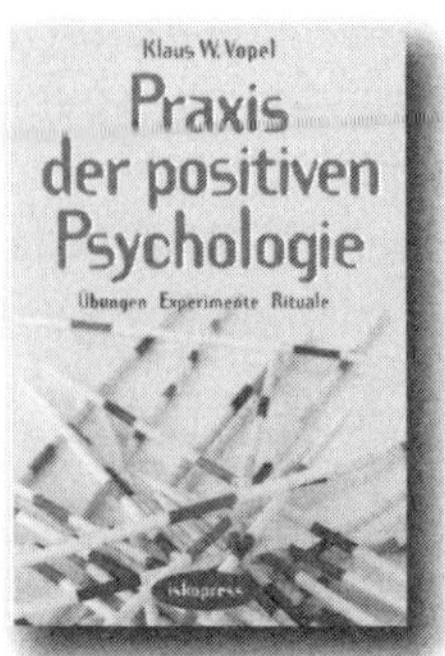

Klaus W. Vopel
Praxis der Positiven Psychologie
Übungen, Experimente, Rituale
208 Seiten, ISBN 978-3-89403-079-7
Paperback

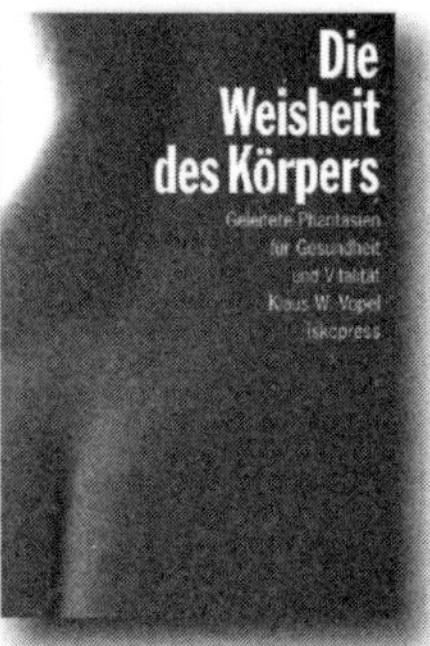

Klaus W. Vopel
Die Weisheit des Körpers
Phantasiereisen und Meditationen
224 Seiten, Paperback
ISBN 978-3-89403-138-1

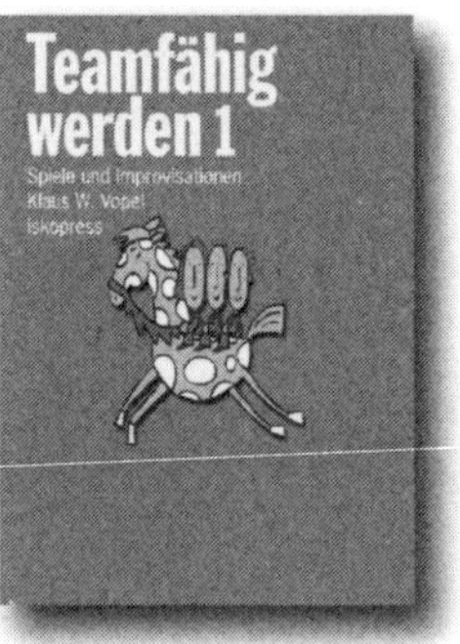

Klaus W. Vopel
Teamfähig werden 1+2
Spiele und Improvisationen
Teil 1: 192 Seiten, Paperback
ISBN 978-3-89403-090-2
Teil 2: 176 Seiten, Paperback
ISBN 978-3-89403-091-9

Für nähere Informationen fordern Sie bitte unser Gesamtverzeichnis an:

iskopress
Postfach 1263
21373 Salzhausen
Tel.: 04172/7653
Fax: 04172/6355
E-Mail: iskopress@iskopress.de
Internet: www.iskopress.de